PONS

Schüler-Verbtabellen
ENGLISCH

von
Stephan Buckenmaier
Samantha Scott

Übungsteil & Abschlusstests von
Brian Melican

PONS GmbH
Stuttgart

PONS

Schüler-Verbtabellen ENGLISCH

von
Stephan Buckenmaier
Samantha Scott

Übungsteil & Abschlusstests von
Brian Melican

Dieser Titel basiert in Teilen auf 978-3-12-561592-2

Auflage A1 4 3 2 1 / 2016 2015 2014 2013

PONS Produktinfos und Shop: www.pons.de
PONS Online-Wörterbuch: www.pons.eu
E-Mail: info@pons.de

Redaktion: Canan Eulenberger-Özdamar, Brian Wolfe
Logoentwurf: Erwin Poell, Heidelberg
Logoüberarbeitung: Sabine Redlin, Ludwigsburg
Titelfoto: Vlado Golub, Stuttgart
Einbandgestaltung: Tanja Haller, Petra Schnur, Stuttgart
Entwurf Button Online-Übungen: grundmanngestaltung, Karlsruhe
Layout/Satz: Satzkasten, Stuttgart
Druck und Bindung: Print Consult GmbH, München

Printed in EU.
ISBN: 978-3-12-561625-7

Inhalt

So benutzt Du dieses Buch

Du willst schnell eine bestimmte Zeitform nachschlagen, einfach nur einige Verben wiederholen und üben oder Du bist Dir vielleicht bei einem besonders kniffligen Verb unsicher, wie die korrekte Zeitform lautet?

Mit den PONS Schüler-Verbtabellen Englisch geht das alles ganz einfach:

- Ab **S. 26** findest Du übersichtliche **Konjugationstabellen** zu 85 regelmäßigen und unregelmäßigen englischen Verben sowie eine Musterkonjugation für das Passiv. Hier findest Du blitzschnell die wichtigsten Zeitformen. Besonderheiten, auf die Du achten musst, sind farbig hervorgehoben. Am Ende findest Du noch eine Übersicht der **unregelmäßigen englischen Verben (S. 122)** und der **Verben mit Präpositionen (S. 116)**.

- Mit einigen Extras geht das Zeitenlernen noch viel einfacher. Deshalb findest Du vor den Konjugationstabellen viele hilfreiche **Lerntipps (S. 6)** und eine **Kurzgrammatik (S. 9)** in der Du die wichtigsten Regeln zum Thema Verben und Zeiten immer schnell zur Hand hast.

- Im Anschluss an die Verbtabellen kannst Du im großen **Übungsteil (S. 123)** alle wichtigen Verben und Zeiten üben. Der Übungsteil ist nach Klassenstufen sortiert - so kannst Du ganz gezielt Übungen aussuchen.

- Ganz zum Schluss kannst Du Dich nochmal unter Echtzeitbedingungen auf die nächste Klassenarbeit vorbereiten. Dafür findest Du einen großen **Abschlusstest (S. 169)** für Deine Klassenstufe. Stell Dir einen Timer und bearbeite den Test wie in der Schule.

Die **Lösungen** zu allen Übungen und Abschlusstests findest Du ab **S. 193**.

So sind die Konjugationstabellen aufgebaut

(1) 20 **come - came - come** — Unregelmäßiges Verb (2)

(3) *kommen* — Achtung! In der ***-ing-*** Form entfällt das Endungs-e. (4)

(5)

Simple Present		Present Progressive			Future I		
I	come	I	am	coming	I	will	come
you	come	you	are	coming	you	will	come
he/she/it	comes	he/she/it	is	coming	he/she/it	will	come
we	come	we	are	coming	we	will	come
you	come	you	are	coming	you	will	come
they	come	they	are	coming	they	will	come

Simple Past		Past Progressive			Future I Progressive	
I	came	I	was	coming	I	will be coming
you	came	you	were	coming	you	will be coming
he/she/it	came	he/she/it	was	coming	he/she/it	will be coming
we	came	we	were	coming	we	will be coming
you	came	you	were	coming	you	will be coming
they	came	they	were	coming	they	will be coming

Present Perfect			Present Perfect Progressive				Future II	
I	have	come	I	have	been	coming	I	will have come
you	have	come	you	have	been	coming	you	will have come
he/she/it	has	come	he/she/it	has	been	coming	he/she/it	will have come
we	have	come	we	have	been	coming	we	will have come
you	have	come	you	have	been	coming	you	will have come
they	have	come	they	have	been	coming	they	will have come

(1) Konjugationsnummer: Mit Hilfe dieser Nummer lassen sich alle Verben, die in den alphabetischen Verblisten am Ende des Buches aufgelistet sind, dem jeweils entsprechenden Konjugationsmuster zuordnen.

(2) Verbart: Hier erfährst Du, ob es sich bei dem jeweiligen Verb um ein regelmäßiges oder unregelmäßiges Verb handelt. Auch Hilfsverben und Modalverben sind hier besonders gekennzeichnet.

(3) Verb (mit Grundformen) und Übersetzung: Die Konjugationstabellen in diesem Buch stellen eine Auswahl englischer Verben dar, die Dir in der Schule häufig begegnen werden. Bei unregelmäßigen Verben findest Du hier die drei folgenden Grundformen: 1. Grundform: Infinitiv, 2. Grundform: Simple Past, 3. Grundform: Past Participle. Zu jedem Verb wird hier auch die jeweils wichtigste deutsche Übersetzung angegeben.

(4) Kurzcharakteristik: Hier findest Du Hinweise zu den Besonderheiten und Unregelmäßigkeiten des Konjugationsmusters.

(5) Farbige Hervorhebung: Kennzeichen der unregelmäßigen Verben und Besonderheiten der englischen Verben (z. B. 3. Person Singular -s) sowie Abweichungen in der Schreibweise sind rot hervorgehoben.

Und nun – viel Erfolg!

Lerntipps: So lernst Du Verbkonjugationen

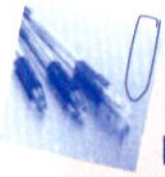

Mehrmals abschreiben

Hast Du Schwierigkeiten mit einer Konjugation? Dann schreibe das Verb mehrmals ab. So prägst Du Dir die Formen leichter ein. Markiere dann die Endungen und Besonderheiten einzelner Verbformen farbig.

Ähnliche Verben

Viele unregelmäßige Verben werden ähnlich konjugiert. Lerne sie immer gemeinsam!

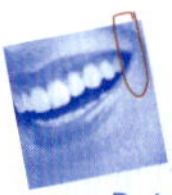

Tonfall ändern

Merke Dir Verbformen in Beispielsätzen und sprich die konjugierten Formen mit dem zum Verb passenden Tonfall. Das Verb *hassen* sprichst Du dann natürlich völlig anders als z. B. das Verb *lieben*.

Beispielsätze

Neue Wendungen und Verben lernst Du besser, wenn Du sie gleich in einem Beispielsatz gebrauchst.
Am besten ist ein Zusammenhang, der mit Deinem eigenen Leben zu tun hat, denn das kannst Du Dir gut merken.
Du kannst zum Beispiel Deine morgendlichen Aktivitäten vor der Schule durchgehen.

Textstellen markieren

Das Markieren von Textstellen oder Wörtern ermöglicht es Dir, verschiedene Aspekte einer Fremdsprache gezielt zu üben. So kannst Du zum Beispiel eine Zeitform, die Du gerade gelernt hast, im Text markieren und in den unterschiedlichen Zusammenhängen lernen.

Antonyme und Synonyme

Lerne Verben immer gleich mit dem Gegenteil (z. B. *nehmen ≠ geben*) oder mit einem gleichbedeutenden Wort (z. B. *nehmen = ergreifen*).
So erweiterst Du schnell Deinen Wortschatz.

Verben + Präpositionen

Wenn ein Verb eine bestimmte Präposition braucht, dann lernst Du diese immer mit – am besten in einem Satz.

Mehrmals pro Woche lernen

Setze Dir beim Sprachenlernen realistische Ziele. Es braucht Zeit, eine Sprache zu lernen – also nimm Dir nicht zu viel vor! Lieber mehrmals pro Woche eine halbe Stunde, als nur einmal 5 Stunden.

Mit Bildern lernen

Mit Bildern, die Dir besonders auffallen oder gefallen, kannst Du wunderbar Wörter und Wendungen lernen. Bilder findest Du überall: in Zeitschriften, Prospekten und Kalendern. Wenn Dir ein Bild besonders gefällt, schneide es aus, klebe es in Dein Vokabelheft und schreibe dann auf, was Dir dazu einfällt. Das können Gedanken, Überlegungen oder aber auch nur einzelne Wörter sein.

Vokabelkärtchen

Auch Verbformen kannst Du wie Vokabeln mit Vokabelkärtchen lernen. Schreibe Dir dazu je eine Verbform auf ein Kärtchen und den Infinitiv mit Beschreibung der Verbform auf die Rückseite. Du musst dabei nicht alle Verbformen verwenden – wähle einfach die aus, die am häufigsten sind und Dir am schwersten fallen. Teste nun Deine Kenntnisse, indem Du immer die Seite mit dem Infinitiv ansiehst und die passende Form dazu bildest.

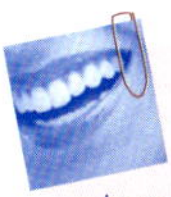

Vorsingen

Wenn Du musikalisch bist, kannst Du vielleicht leichter lernen, wenn Du kleine Melodien erfindest und die unterschiedlichen Verben vorsingst. Mach einfach Dein ganz persönliches Casting und probiere mal aus, wie ein Verb als Rap oder als Ballade klingt. So prägst Du Dir vor allem häufige Muster gut ein!

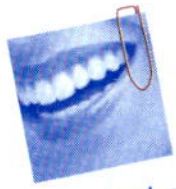

Sich aufnehmen

Wenn Du zu den Menschen gehörst, die gut durch Hören lernen können, dann höre Dir selbst zu! Nimm Dich z.B. am PC selbst auf und höre Dir immer wieder selbst zu. Du kannst bei der Aufnahme auch Pausen machen. Dann kannst Du später in diesen Pausen das Gehörte auch nachsprechen.

Würfeln

Unregelmäßige Verben kannst Du üben, indem Du würfelst. Du brauchst dazu zwei sechsseitige Würfel.
Einen Würfel musst Du ein bisschen bearbeiten und auf jede Würfelseite ein Stück Papier mit einer anderen Zeitform kleben. Denke Dir nun ein unregelmäßiges Verb und würfle mit beiden Würfeln.
Der normale Würfel gibt die Person vor (z. B. 1 - *ich*; 2 - *du*; 3 - *er, sie, es*; 4 - *wir*, 5 - *ihr*; 6 - *sie*), der Zeitenwürfel die entsprechende Zeitform. Bilde die korrekte Form und auf zur nächsten Runde!

Memory

Bastle Memory-Kärtchen!
Die Paare können aus *Infinitiv- und Partizipformen* oder aus *Präsens- und Vergangenheitsformen* etc. bestehen, je nachdem, was Du besonders üben willst. Du findest bestimmt noch Freunde und Klassenkameraden die mitspielen wollen. Das macht Spaß und so werdet ihr nebenher auch fit für die nächste Klassenarbeit oder den nächsten Test!

Grammatikbegriffe in der Übersicht

Englisch	*Lateinischer Ursprung*	*Deutsch*
active	Aktiv	Tätigkeitsform
antonym	Antonym	Gegenwort
auxiliary	Hilfsverb	Hilfszeitwort
conditional present	Konditional I	Bedingungsform I
conditional past	Konditional II	Bedingungsform II
conjugation	Konjugation	Beugung des Zeitworts
progressive form	progressive Form	Verlaufsform
consonant	Konsonant	Mitlaut
future	Futur I	unvollendete Zukunft
future 2 (future perfect)	Futur II	vollendete Zukunft
gerund	Gerundium	Gerundium
imperative	Imperativ	Befehlsform
infinitive	Infinitiv	Grundform des Zeitworts
intransitive verb	intransitives Verb	Zeitwort ohne direktes Objekt
irregular verb	unregelmäßiges Verb	unregelmäßiges Zeitwort
modal verb	Modalverb	Modalverb
object	Objekt	Ergänzung
participle	Partizip	Mittelwort
passive	Passiv	Leideform
past	Präteritum	Vergangenheit
past participle	Partizip Perfekt	Mittelwort der Vergangenheit
past perfect	Plusquamperfekt	Vorvergangenheit
plural	Plural	Mehrzahl
present	Präsens	Gegenwart
present perfect	Perfekt	vollendete Gegenwart
pronoun	Pronomen	Fürwort
reflexive verb	reflexives Verb	rückbezügliches Zeitwort
regular verb	regelmäßiges Verb	regelmäßiges Zeitwort
simple form	–	einfache Form
singular	Singular	Einzahl
subject	Subjekt	Satzgegenstand
synonym	Synonym	sinnverwandtes Wort
transitive verb	transitives Verb	Zeitwort mit direktem Objekt
verb	Verb	Zeitwort
vowel	Vokal	Selbstlaut

AE = amerikanisches Englisch
BE = britisches Englisch

Kurzgrammatik der englischen Verben

I. Verbkategorien

Die Veränderung des Verbs wird Konjugation genannt. Im Folgenden siehst Du eine Übersicht der Kategorien, nach denen sich Verben in der Konjugation verändern.

1. Person und Numerus *(person and number)*

Genauso wie im Deutschen gibt es im Englischen drei Personen, die im Singular (Einzahl) und im Plural (Mehrzahl) verwendet werden.

	Singular	Plural
1. Person	I	we
2. Person	you	you
3. Person	he, she, it	they

2. Tempus und Aspekt *(tense and aspect)*

Das Tempus drückt aus, wann etwas passiert. Zunächst einmal unterscheidet man dabei drei Zeitstufen: die Vergangenheit *(past)*, die Gegenwart *(present)* und die Zukunft *(future)*. Darüber hinaus versteht man unter Aspekt die Art und Weise, in der die Zeit vom Sprecher erfahren wird. Im Englischen unterscheidet man drei Aspekte: Verbformen können einfach *(simple)*, in ihrem Verlauf *(progressive)*[1] und als vollendet *(perfect)* erfahren werden.

Aus den beiden Kategorien Tempus und Aspekt ergeben sich im Englischen die folgenden zwölf Zeitformen:

Gegenwart	**Simple Present**	He plays football.
	Present Progressive	He is playing football.
	Present Perfect	He has played football.
	Present Perfect Progressive	He has been playing football.
Vergangenheit	**Simple Past**	He played football.
	Past Progressive	He was playing football.
	Past Perfect	He had played football.
	Past Perfect Progressive	He had been playing football.
Zukunft	**Future I**	He will play football.
	Future I Progressive	He will be playing football.
	Future II	He will have played football.
	Future II Progressive	He will have been playing football.

[1] In manchen Grammatikbüchern findet man anstatt *progressive* auch die Bezeichnung *continuous*.

Darüber hinaus gibt es noch zwei Zeitformen, die zur Bildung von irrealen Konditionalsätzen (Bedingungssätzen) gebraucht werden:

Gegenwart	**Conditional II**	He would play football.
Vergangenheit	**Conditional Past**	He would have played football.

Mehr zur Bildung und zum Gebrauch dieser Zeitformen erfährst Du unter III. Tempus ab Seite 15.

3. Modus *(mood)*

Unter Modus versteht man die Art und Weise, in der der Sprecher die durch ein Verb ausgedrückte Handlung auffasst. Im Englischen gibt es drei Modi: den Indikativ *(indicative)*, den Konjunktiv *(subjunctive)* und den Imperativ *(imperative)*.

Indikativ	He plays football.
Konjunktiv	If he played football, he would be happier.
Imperativ	Play football!

Mehr zu den Modi im Englischen findest Du unter IV. Modus auf Seite 24.

4. Aktiv und Passiv *(active and passive voice)*

Viele Verben können sowohl aktiv als auch passiv gebraucht werden. Im Aktiv steht die handelnde Person im Vordergrund, während im Passiv die Handlung selbst hervorgehoben wird.

Aktiv	He plays football.
Passiv	Football is played with two teams.

Mehr zur Bildung des Passivs im Englischen liest Du auf den Seiten 25 – 27.

II. Verbarten

Im Englischen gibt es eine Reihe von unterschiedlichen Verbarten. Die wichtigsten lernst Du im Folgenden kennen.

1. Vollverben, Hilfsverben und Modalverben

a) Vollverben *(full verbs)*

Die meisten Verben gehören zu den Vollverben. Das bedeutet:
- Sie können in Aussagesätzen allein (ohne ein Hilfsverb) stehen.
- Sie können im Passiv stehen.
- Sie können in der -ing Form stehen.

Aussagesatz	He plays football.
Passiv	Football is played with two teams.
-ing Form	He is playing football.

b) Hilfsverben *(auxiliary verbs)*

Verben, die man in Verbindung mit Vollverben benutzt, um zusammengesetzte Zeitformen oder bestimmte Satztypen zu bilden, nennt man Hilfsverben. Im Englischen unterscheidet man drei Hilfsverben: be (Verb Nr. 5), do (Verb Nr. 25) und have (Verb Nr. 38).

be

Das Hilfsverb be benötigt man zur Bildung von Progressive-Formen und beim Passiv:

Present Progressive	He is playing football.
Present Perfect Progressive	He has been playing football.
Past Progressive	He was playing football.
Past Perfect Progressive	He had been playing football.
Future I Progressive	He will be playing football.
Future II Progressive	He will have been playing football.
Passiv	Football is played with two teams.

Verneinte Aussagesätze und Fragen, in denen be als Hilfsverb auftritt, benötigen nicht zusätzlich das Hilfsverb do. Man kann die konjugierte Form von be direkt verneinen und auch eine Frage direkt mit der konjugierten Form von be beginnen:

Verneinung	He isn't playing football.
Frage	Is he playing football?

Achtung! Häufig verwendet man auch Kurzformen von be:

be		
I am	→	I'm
you are	→	you're
he / she / it is	→	he's / she's / it's
we are	→	we're
you are	→	you're
they are	→	they're

do

Das Hilfsverb do benutzt man in Verbindung mit Vollverben für die Verneinung von Aussagesätzen und bei der Bildung von Fragen:

Verneinung	He doesn't play football.
Frage	Does he play football?

have

Das Hilfsverb have wird zur Bildung von Perfect-Formen benötigt:

Present Perfect	He has played football.
Present Perfect Progressive	He has been playing football.
Past Perfect	He had played football.
Past Perfect Progressive	He had been playing football.
Future II	He will have played football.
Future II Progressive	He will have been playing football.
Conditional Past	He would have played football.

Verneinte Aussagesätze und Fragen, in denen have als Hilfsverb auftritt, benötigen nicht zusätzlich das Hilfsverb do. Man kann die konjugierte Form von have direkt verneinen und auch eine Frage direkt mit der konjugierten Form von have beginnen:

Verneinung	He hasn't played football.
Frage	Has he played football?

Achtung! Häufig benutzt man auch für have und had die folgenden Kurzformen:

have			had		
I have	→	I've	I had	→	I'd
you have	→	you've	you had	→	you'd
he / she / it has	→	he's / she's / it's	he / she / it had	→	he'd / she'd / it'd
we have	→	we've	we had	→	we'd
you have	→	you've	you had	→	you'd
they have	→	they've	they had	→	they'd

c) Modalverben *(modal verbs)*

In Verbindung mit einem Vollverb im Infinitiv gibt es im Englischen eine Reihe von Modalverben oder modalen Hilfsverben *(modal auxiliary verbs)*, die zum einen die Möglichkeit oder Wahrscheinlichkeit einer Handlung beschreiben können, zum anderen aber auch dazu dienen, Fähigkeiten, Erlaubnisse, Absichten oder Verbote auszudrücken.

Die wichtigsten Modalverben im Englischen sind can / could (Verb Nr. 13), may / might, must (Verb Nr. 56), shall / should und will / would.

Grammatikalische Besonderheiten

Bei Modalverben fehlt in der 3. Person Singular die Endung -s:

He can play football. *Er kann Fußball spielen.*

Modalverben besitzen in der Regel nur eine Form, das heißt, sie sind unveränderlich und haben keine -ing Form und kein Past Participle.

Verneinte Aussagesätze und Fragen, in denen ein Modalverb auftritt, werden ohne das Hilfsverb do gebildet:

Verneinung	He can't play football.
Frage	May I play football?

Nach einem Modalverb folgt immer ein Vollverb im Infinitiv ohne to:

He should play football. — *Er soll Fußball spielen.*

Modalverben und ihre Bedeutung

can / could

Das Modalverb can drückt vor allem eine *Fähigkeit* aus, oder es wird dazu benutzt, um *Erlaubnis* zu bitten:

He can play football.	*Er kann Fußball spielen.*	(Fähigkeit)
Can I play football?	*Darf ich Fußball spielen?*	(Erlaubnis)

Could wird zum einen als Vergangenheitsform von can benutzt, um eine *Fähigkeit* zu beschreiben. Es bringt aber auch eine *höfliche Bitte* oder eine *Möglichkeit* zum Ausdruck:

He could play football.	*Er konnte Fußball spielen.*	(Fähigkeit)
Could I play football?	*Dürfte ich Fußball spielen?*	(höfliche Bitte)
We could play football.	*Wir könnten Fußball spielen.*	(Möglichkeit)

may / might

Die Modalverben may und might werden dazu benutzt, um *Erlaubnis zu bitten*, eine *Erlaubnis zu erteilen* oder eine *Möglichkeit* auszudrücken:

May / Might I play football?	*Darf ich Fußball spielen?*
You may / might play football.	*Du darfst Fußball spielen.*
He may / might play football.	*Er spielt möglicherweise Fußball.*

must

Das Modalverb must benutzt man, um auszudrücken, dass jemand etwas tun *muss*. Beachte jedoch, dass die verneinte Form must not (Kurzform mustn't) *nicht dürfen* bedeutet:

You must play football.	*Du musst Fußball spielen.*
You mustn't play football.	*Du darfst nicht Fußball spielen.*

shall / should

Mit dem Modalverb shall spricht man über die *Zukunft*:

You shall play football one day. — *Du wirst eines Tages Fußball spielen.*

Should benutzt man häufig, um eine *Verpflichtung* auszudrücken:

You should play football. — *Du solltest Fußball spielen.*

will / would

Das Modalverb will drückt *Zukünftigkeit* aus:

You will play football. — *Du wirst Fußball spielen.*

Would benutzt man häufig in *unerfüllbaren Bedingungssätzen*:

I would play football if I were you. — *An deiner Stelle würde ich Fußball spielen.*

Achtung! Häufig benutzt man auch für will und would die folgenden Kurzformen:

will			would		
I will	→	I'll	I would	→	I'd
you will	→	you'll	you would	→	you'd
he / she / it will	→	he'll / she'll / it'll	he / she / it would	→	he'd / she'd / it'd
we will	→	we'll	we would	→	we'd
you will	→	you'll	you would	→	you'd
they will	→	they'll	they would	→	they'd

2. Transitive und intransitive Verben *(transitive and intransitive verbs)*

Eine Reihe von Verben benötigt im Satz mindestens *ein* Objekt, also eine Ergänzung. Solche Verben nennt man transitive Verben:

Anne likes dogs. — *Anne mag Hunde.*

Peter kissed Mary. — *Peter küsste Mary.*

Oft werden auch *zwei* Objekte benötigt:

Jeremy wrote me a letter. — *Jeremy schrieb mir einen Brief.*

Paul gave me a book. — *Paul gab mir ein Buch.*

Als intransitive Verben bezeichnet man dagegen Verben, die *kein* Objekt benötigen:

Anne slept. — *Anne schlief.*

The children cried. — *Die Kinder weinten.*

Manche Verben können sowohl transitiv als auch intransitiv gebraucht werden:

John is reading a book. — *John liest gerade ein Buch.*

John is reading. — *John liest gerade.*

3. Reflexive Verben und Reflexivpronomen *(reflexive verbs and reflexive pronouns)*

Reflexive Verben sind Verben, die in Verbindung mit den folgenden Reflexivpronomen *(myself, yourself, ...)* verwendet werden:

I	enjoy	myself	we	enjoy	ourselves
you	enjoy	yourself	you	enjoy	yourselves
he	enjoys	himself	they	enjoy	themselves

she	enjoys	herself
it	enjoys	itself

Einige reflexive Verben im Deutschen sind jedoch im Englischen nicht reflexiv und benötigen daher kein Reflexivpronomen. Hier ein paar Beispiele:

I didn't shave yesterday. — *Gestern habe ich mich nicht rasiert.*

I need to wash first. — *Ich muss mich erst waschen.*

Have you dressed? — *Hast Du Dich schon angezogen?*

4. Verben ohne Verlaufsform *(non-progressive / stative verbs)*

Eine Reihe von Verben im Englischen kommt normalerweise nicht in der Verlaufsform *(progressive form)* vor. Diese lassen sich in drei Gruppen unterteilen:

Verben der Wahrnehmung

Zu diesen Verben gehören z. B. notice, see, hear und feel.

I saw / ~~was seeing~~ her at the pub. — *Ich sah sie in der Kneipe.*

Verben, des Wissens, der Meinung, des Gefühls oder des Wunsches

Zu dieser Gruppe zählen unter anderem die Verben know, believe, think, like, want und wish.

She knows / ~~is knowing~~ a lot. — *Sie weiß eine Menge.*

Weitere Verben

Eine Reihe von weiteren Verben kommt ebenfalls normalerweise nicht in der Verlaufsform vor. Dazu gehören z. B. be, have, possess, belong, seem, mean, sound und look.

You look / ~~are looking~~ beautiful! — *Du siehst schön aus!*

III. Tempus

Auf den folgenden Seiten erfährst Du mehr über den Gebrauch und die Bildung der verschiedenen Zeitformen im Englischen.

1. Simple Present

Man benutzt das Simple Present für Aussagen, die die Gegenwart betreffen, oder auch für Gewohnheiten und immer wiederkehrende Ereignisse. Darüber hinaus kann man im Simple Present auch über die Zukunft sprechen, z. B. wenn es um Abfahrts- oder Ankunftszeiten geht:

Our train leaves at 8 o'clock. — *Unser Zug fährt um acht Uhr ab.*

Das Simple Present wird mit der Grundform des Verbs gebildet. Nur die 3. Person Singular *(he / she / it)* wird verändert, indem ein -s angehängt wird.

Aussage		Verneinung			Frage		
I / we / you / they	live.	I / we / you / they	do not (don't)	live.	Do	I / we / you / they	live?
he / she / it	lives.	he / she / it	does not (doesn't)	live.	Does	he / she / it	live?
		Verneinte Sätze werden durch Hinzufügen von don't / doesn't gebildet.			Fragen werden gebildet, indem do / does am Satzanfang hinzugefügt wird. Hier bleibt die Grundform des Verbs erhalten.		

Achte bei den folgenden Verben auf die richtige Schreibung der Simple Present Formen in der 3. Person Singular:

Verben, die auf *-ch, -sh, -ss, -o, -x* enden	Anhängen von *-es*	watch push go	watches pushes goes
Verben, die auf einen Konsonanten + *-y* enden	Anhängen von *-ies* Wegfall von *-y*	study try carry	studies tries carries
Aber: Verben, die auf einen Vokal + *-y* enden	Anhängen von *-s*	play buy enjoy	plays buys enjoys

Auch die Aussprache des -s in der 3. Person Singular ist im Simple Present unterschiedlich, je nachdem, was für ein Laut der Endung vorausgeht. Die Endung -s wird gesprochen:

nach stimmlosen Konsonanten	stimmlos* (-s)	waits gets cuts	wie ss in „nass" z. B. [gets]
nach stimmhaften Konsonanten und Vokalen	stimmhaft* (-z)	runs opens allows	wie s in „Sahne" z. B. [rʌnz]
nach einem Zischlaut, bei Bildung der 3. Person Singular auf *-es*	silbisch (-iz)	changes watches washes	wie das erste s in „business" z. B. ['wɒʃɪz]

* Es gibt zwei Arten von Konsonanten (Mitlauten) im Englischen: Bei stimmhaften Konsonanten spürst Du bei der Aussprache eine Vibration am Kehlkopf. Diese Vibration spürt man bei stimmlosen Konsonanten nicht.

2. Present Progressive

Mit dem Present Progressive drückt man in der Gegenwart Handlungen aus, deren Verlauf man betonen möchte und die gerade im Gange sind:

I am washing the dishes. *Ich spüle gerade das Geschirr.*

Das Present Progressive wird mit der passenden Form von to be (is / am / are) + -ing Form eines Vollverbs gebildet.

Aussage			Verneinung			Frage		
I	am	living.	I	am not ('m not)	living.	Am	I	living?
he / she / it	is	living.	he / she / it	is not ('s not)	living.	Is	he / she / it	living?
we / you / they	are	living.	we / you / they	are not ('re not)	living.	Are	we / you / they	living?
			Verneinte Sätze werden durch Hinzufügen von not nach dem Pronomen gebildet.			Bei der Frageform steht am / is / are am Anfang des Satzes.		

Achte bei den folgenden Verben auf die richtige Schreibung der -ing Form:

Verben, die auf -*e* enden	Wegfall von -*e* Anhängen von -*ing*	have dance	having dancing
Verben, die auf -*ee* enden	Anhängen von -*ing*	see	seeing
Verben, deren Endkonsonant betont ist und einem Vokal folgt	Konsonant wird verdoppelt	stop plan get begin	stopping planning getting beginning

AUSNAHME: Im britischen Englisch (BE) wird ein -l am Ende, das einem Vokal folgt, auch bei unbetonter Silbe verdoppelt:

cancel	cancelling (BE)
cancel	canceling (AE)

3. Present Perfect

Das Present Perfect ist streng von der Simple Past Form zu unterscheiden, da es entgegen der einfachen Vergangenheit einen Bezug zur Gegenwart hat. Das Present Perfect bildet eine Brücke zwischen Vergangenheit und Gegenwart und wird häufig für Handlungen in der Vergangenheit benutzt, die eine Auswirkung auf die Gegenwart haben:

Have you found your keys? *Hast Du Deinen Schlüssel schon gefunden?*

Man bildet das Present Perfect mit have / has und dem Past Participle eines Vollverbs. Die regelmäßigen Formen werden durch Anhängen von -ed gebildet. Besonderheiten zur Schreibung und Aussprache der regelmäßigen Formen des Past Participle findest Du auf Seite 19. Die unregelmäßigen Formen kannst Du auf den Seiten 112 bis 115 nachlesen.

Aussage			Verneinung			Frage		
I / we / you / they	have	lived.	I / we / you / they	have not (haven't)	lived.	Have	I / we / you / they	lived?
he / she / it	has	lived.	he / she / it	has not (hasn't)	lived.	Has	he / she / it	lived?
			Verneinte Sätze werden durch Hinzufügen von not vor dem Past Participle gebildet.			Bei der Frageform steht have / has am Anfang des Satzes.		

4. Present Perfect Progressive

Das Present Perfect Progressive wird ähnlich wie das Present Perfect verwendet, jedoch steht hierbei der Verlauf einer Handlung im Vordergrund:

I have been working for two hours. *Ich habe zwei Stunden lang gearbeitet.*

Man bildet das Present Perfect Progressive mit have / has been + -ing Form eines Vollverbs.

Aussage			Verneinung			Frage		
I / we / you / they	have	been living.	I / we / you / they	have not (haven't)	been living.	Have	I / we / you / they	been living?
he / she / it	has	been living.	he / she / it	has not (hasn't)	been living.	Has	he / she / it	been living?
			Verneinte Sätze werden durch Hinzufügen von not vor dem Vollverb gebildet.			Bei der Frageform steht have / has am Anfang des Satzes.		

Besonderheiten zur Schreibung der -ing Form kannst Du auf Seite 17 nachlesen.

5. Simple Past

Das Simple Past ist eine der gebräuchlichsten Vergangenheitsformen. Mit dem Simple Past berichtet man über Vorgänge in der Vergangenheit, die keinen direkten Bezug zur Gegenwart haben:

I went to the cinema last night. *Gestern Abend ging ich ins Kino.*

Man bildet das Simple Past, indem man -ed an die Grundform des Verbs anhängt.
Eine Liste mit unregelmäßigen Verben befindet sich auf den Seiten 112 bis 115.

Aussage		Verneinung			Frage		
I he / she / it we / you / they	lived.	I he / she / it we / you / they	did not (didn't)	live.	Did	I he / she / it we / you / they	live?
		Die Verneinung wird mit did not (didn't) und der Grundform gebildet.			Fragen werden mit dem Hilfsverb do gebildet. Did ist die Vergangenheitsform von do / does und steht am Anfang des Satzes. Das Verb steht in der Grundform.		

Achte bei der Schreibung der Endung -ed im Simple Past und Past Participle auf die folgenden Besonderheiten:

Verben, die auf -e enden	Anhängen von *-d*	arrive change	arrived changed
Verben, die auf einen Konsonanten + *-y* enden	*-y* wird zu *-ied*	carry try study	carried tried studied
Verben, die auf einen Vokal + Konsonant enden	Konsonant wird verdoppelt	stop plan	stopped planned
Verben mit zwei Silben, die auf einen Konsonanten enden	Konsonant wird nur verdoppelt, wenn die letzte Silbe betont wird	prefer *aber* visit offer	preferred visited offered

AUSNAHME: Im BE wird ein -l am Ende auch bei unbetonter Silbe verdoppelt.

Im AE trifft dies nicht zu:	travel	travelled (BE)
	travel	traveled (AE)

Auch bei der Aussprache des -ed im Simple Past und Past Participle gibt es einige Besonderheiten. Die Endung -ed wird gesprochen:

nach stimmlosen Konsonanten (nach *-p*, *-f*, *-ss* usw.)	stimmlos (-t)	asked looked stopped	wie t in „Takt" z. B. [ɑːskt]
nach stimmhaften Konsonanten und Vokalen (nach *-b*, *-v*, *-g* usw.)	stimmhaft (-d)	allowed listened opened	wie d in „Ende" z. B. ['əʊpənd]
nach *-d* und *-t*	silbisch (-id)	needed waited wanted	wie id in „Widder" z. B. ['niːdɪd]

6. Past Progressive

Man verwendet das Past Progressive vor allem für Handlungen, die in der Vergangenheit zum Zeitpunkt einer neu einsetzenden Handlung bereits im Gange waren. Die neu einsetzende Handlung steht dabei im Simple Past:

I <u>was listening</u> to music when the telephone rang.	*Ich hörte gerade Musik, als das Telefon klingelte.*

Das Past Progressive wird mit was / were + -ing Form eines Vollverbs gebildet.

Aussage			Verneinung			Frage		
I/he/she/it	was	living.	I/he/she/it	was not	living.	Was	I/he/she/it	living?
we/you/they	were	living.	we/you/they	were not	living.	Were	we/you/they	living?
			Verneinte Sätze werden durch Hinzufügen von not nach was bzw. were gebildet.			Bei der Frageform steht was/were am Anfang des Satzes.		

Besonderheiten zur Schreibung der -ing Form kannst Du auf Seite 17 nachlesen.

7. Past Perfect

Das Past Perfect benutzt man, um auszudrücken, dass ein Ereignis oder eine Handlung vor einem anderen Ereignis in der Vergangenheit stattgefunden hat:

When we had eaten, we went to the cinema. — *Nachdem wir gegessen hatten, gingen wir ins Kino.*

Man bildet das Past Perfect mit had und dem Past Participle eines Vollverbs. Die regelmäßigen Formen werden durch Anhängen von -ed gebildet. Besonderheiten zur Schreibung und Aussprache der regelmäßigen Formen des Past Participle findest Du auf Seite 19. Die unregelmäßigen Formen kannst Du auf den Seiten 112 bis 115 nachlesen.

Aussage			Verneinung			Frage		
I	had	lived.	I	had not	lived.	Had	I	lived?
he/she/it			he/she/it	(hadn't)			he/she/it	
we/you/they			we/you/they				we/you/they	
			Verneinte Sätze werden durch Hinzufügen von not nach had gebildet.			Bei der Frageform steht had am Anfang des Satzes.		

8. Past Perfect Progressive

Das Past Perfect Progressive wird ähnlich wie das Past Perfect verwendet, jedoch steht hierbei der Verlauf einer Handlung im Vordergrund:

I had been working for two hours. — *Ich hatte zwei Stunden lang gearbeitet.*

Man bildet das Past Perfect Progressive mit had been + -ing Form eines Vollverbs.

Aussage			Verneinung			Frage		
I	had	been	I	had not	been	Had	I	been
he/she/it		living.	he/she/it	(hadn't)	living.		he/she/it	living?
we/you/they			we/you/they				we/you/they	
			Verneinte Sätze werden durch Hinzufügen von not zwischen had und been gebildet.			Bei der Frageform steht had am Anfang des Satzes.		

Besonderheiten zur Schreibung der -ing Form kannst Du auf Seite 17 nachlesen.

9. Future I

Mit dem Future I spricht man über Vorhersagen für die Zukunft:

I will be in London tomorrow. *Ich werde morgen in London sein.*

Das Future I wird mit will und der Grundform eines Vollverbs gebildet.

Aussage			Verneinung			Frage		
I	will	live.	I	will not	live.	Will	I	live?
he/she/it			he/she/it	(won't)			he/she/it	
we/you/they			we/you/they				we/you/they	
			Verneinte Sätze werden durch Hinzufügen von not nach will gebildet. Achtung! Kurzform: won't			Bei der Frageform steht will am Anfang des Satzes.		

Beachte, dass es im Englischen auch andere Möglichkeiten gibt, um über die Zukunft zu reden.

Wenn man z. B. über Abfahrts- und Ankunftszeiten in der Zukunft spricht, benutzt man oft das Simple Present:

Our train leaves tomorrow at eight o'clock. *Unser Zug fährt morgen um acht Uhr ab.*

Wenn man von festen Absichten für die Zukunft spricht, verwendet man anstatt will eine Konstruktion mit einer konjugierten Form von be (am/ are/ is) + going to:

I am going to wash the dishes tomorrow. *Ich werde das Geschirr morgen spülen.*

10. Future I Progressive

Mit dem Future I Progressive spricht man - ähnlich wie beim Future I - über Vorhersagen für die Zukunft, allerdings steht hierbei der Verlauf einer Handlung im Vordergrund:

I will be working all day tomorrow. *Ich werde morgen den ganzen Tag arbeiten.*

Das Future I Progressive wird mit will be + -ing Form eines Vollverbs gebildet.

Aussage			Verneinung			Frage		
I	will	living.	I	will	living.	Will	I	be
he/she/it	be		he/she/it	not be			he/she/it	living?
we/you/they			we/you/they	(won't)			we/you/they	
			Verneinte Sätze werden durch Hinzufügen von not zwischen will und be gebildet.			Bei der Frageform steht will am Anfang des Satzes.		

Besonderheiten zur Schreibung der -ing Form kannst Du auf Seite 17 nachlesen.

11. Future II

Das Future II benutzt man, um in der Zukunft über die Vergangenheit zu sprechen:

I will have finished my work tomorrow. *Morgen werde ich meine Arbeit erledigt haben.*

Man bildet das Future II mit will have und dem Past Participle eines Vollverbs. Die regelmäßigen Formen werden durch Anhängen von -ed gebildet. Besonderheiten zur Schreibung und Aussprache der regelmäßigen Formen des Past Participle findest Du auf Seite 19. Die unregelmäßigen Formen kannst Du auf den Seiten 112 bis 115 nachlesen.

Aussage			Verneinung			Frage		
I he / she / it we / you / they	will have	lived.	I he / she / it we / you / they	will not have (won't)	lived.	Will	I he / she / it we / you / they	have lived?
			Verneinte Sätze werden durch Hinzufügen von not zwischen will und have gebildet.			Bei der Frageform steht will am Anfang des Satzes.		

12. Future II Progressive

Das Future II Progressive benutzt man ähnlich wie das Future II, jedoch steht hierbei der Verlauf einer Handlung im Vordergrund:

I will have been working a lot by this time tomorrow. *Morgen um diese Zeit werde ich eine Menge gearbeitet haben.*

Man bildet das Future II Progressive mit will have been + -ing Form eines Vollverbs.

Aussage			Verneinung			Frage		
I he / she / it we / you / they	will have been	living.	I he / she / it we / you / they	will not have been (won't)	living.	Will	I he / she / it we / you / they	have been living?
			Verneinte Sätze werden durch Hinzufügen von not nach will gebildet.			Bei der Frageform steht will am Anfang des Satzes.		

Besonderheiten zur Schreibung der -ing Form kannst Du auf Seite 17 nachlesen.

13. Conditional II

Das Conditional II wird mit would + Grundform eines Vollverbs gebildet.

Aussage			Verneinung			Frage		
I	would	live.	I	would not	live.	Would	I	live?
he/she/it			he/she/it	(wouldn't)			he/she/it	
we/you/they			we/you/they				we/you/they	
			Verneinte Sätze werden durch Hinzufügen von not nach would gebildet.			Bei der Frageform steht would am Anfang des Satzes.		

14. Conditional Past

Das Conditional Past wird mit would have und dem Past Participle eines Vollverbs gebildet. Die regelmäßigen Formen bildet man durch Anhängen von -ed. Besonderheiten zur Schreibung und Aussprache der regelmäßigen Formen des Past Participle findest Du auf Seite 19. Die unregelmäßigen Formen kannst Du auf den Seiten 112 bis 115 nachlesen.

Aussage			Verneinung			Frage		
I	would	lived.	I	would not	lived.	Would	I	have
he/she/it	have		he/she/it	have			he/she/it	lived?
we/you/ they			we/you/ they	(wouldn't)			we/you/ they	
			Verneinte Sätze werden durch Hinzufügen von not nach would gebildet.			Bei der Frageform steht would am Anfang des Satzes.		

Die beiden Formen Conditional II und Conditional Past werden vor allem in Bedingungssätzen *(conditional clauses)* verwendet. Im Englischen unterscheidet man drei Arten von Bedingungssätzen:

Erfüllbare Bedingung

Wenn eine Bedingung erfüllbar ist, benutzt man im if-Satz das Simple Present und im Hauptsatz das Future I:

If I feel better, I will work tomorrow. — *Wenn ich mich besser fühle, arbeite ich morgen.*

Unerfüllbare Bedingung

Bei einer unerfüllbaren Bedingung benutzt man im if-Satz das Simple Past und im Hauptsatz das Conditional II:

If I felt better, I would work tomorrow. — *Wenn ich mich besser fühlen würde, würde ich morgen arbeiten.*

Nicht mehr erfüllbare Bedingung

Bei einer nicht mehr erfüllbaren Bedingung verwendet man im if-Satz das Past Perfect und im Hauptsatz das Conditional Past:

If I had felt better, I would have worked.	*Wenn ich mich besser gefühlt hätte, hätte ich gearbeitet.*

IV. Modus

Im Englischen unterscheidet man drei Modi des Verbs: den Indikativ *(indicative)*, den Konjunktiv *(subjunctive)* und den Imperativ *(imperative)*.

1. Indikativ *(indicative)*

In Aussagesätzen stehen die meisten Verben im Indikativ:

He plays football.	*Er spielt Fußball.*

2. Konjunktiv *(subjunctive)*

Den Konjunktiv benutzt man im Englischen vor allem in *Bedingungssätzen*, für *Wünsche* oder in einer Reihe von *feststehenden Wendungen*:

Bedingungssätze

If I were you, I would call her.	*An Deiner Stelle würde ich sie anrufen.*
If you had called her, she would have been happy.	*Wenn du sie angerufen hättest, wäre sie glücklich gewesen.*

Wünsche

I wish you were here.	*Ich wünschte mir, dass Du hier wärst.*

feststehende Wendungen

God save the Queen!	*Gott schütze die Königin!*
So be it!	*So sei es!*

3. Imperativ *(imperative)*

Um einen *Befehl* oder eine *Aufforderung* auszudrücken, benutzt man den Imperativ (die Befehlsform).

Der Imperativ für die 2. Person Singular und die 2. Person Plural entspricht der Form des Infinitivs:

Come in, Peter.	*Komm / Kommen Sie herein, Peter!*
Be careful, you two.	*Seid vorsichtig, ihr beiden!*

Einen verneinten Imperativ bildet man mit do not/ don't + Infinitiv:

Don't walk on the grass. *Betreten Sie bitte nicht den Rasen!*

Den Imperativ, bei dem der Sprecher mit eingeschlossen ist, bildet man mit let us/ let's + Infinitiv:

Let's go shopping. *Lass(t) uns einkaufen gehen!*

V. Passiv

Bildung

Im Englischen bildet man das Passiv (die Leideform) mit einer konjugierten Form des Hilfsverbs be und dem Past Participle eines Vollverbs. Die einzelnen Zeitformen des Passivs findest Du im Überblick auf Seite 26.

Gebrauch

Das Passiv findet man vor allem in Sach- und Fachtexten. Man beschreibt mit dem Passiv, was mit einer Person oder Sache gemacht wird.

Aktiv

He waters the flowers.

Passiv

The flowers are watered.

Beim Aktiv steht die *handelnde Person* im Mittelpunkt, beim Passiv der *Vorgang* selbst.

Da die Person nicht so wichtig ist, muss sie auch nicht genannt werden. Soll eine handelnde Person genannt werden, steht sie in Verbindung mit der Präposition by:

The flowers are watered by the gardener. *Die Blumen werden vom Gärtner gegossen.*

Beachte, dass Passivformen unterschiedlich ins Deutsche übersetzt werden können, je nachdem, ob ein *Zustand* oder ein *Vorgang* beschrieben wird:

The door is locked.	*Die Tür ist geschlossen.*	(Zustand)
	Die Tür wird geschlossen.	(Vorgang)

Passiv

Leideform

Das Passiv wird mit dem Hilfsverb *to be* (*is / was / has been* usw.) und dem Partizip Perfekt (*cleaned / done / sold* usw.) gebildet.

Simple Present

I	am	taught
you	are	taught
he/she/it	is	taught
we	are	taught
you	are	taught
they	are	taught

Present Progressive

I	am	being taught
you	are	being taught
he/she/it	is	being taught
we	are	being taught
you	are	being taught
they	are	being taught

Future I

I	will	be taught
you	will	be taught
he/she/it	will	be taught
we	will	be taught
you	will	be taught
they	will	be taught

Simple Past

I	was	taught
you	were	taught
he/she/it	was	taught
we	were	taught
you	were	taught
they	were	taught

Past Progressive

I	was	being taught
you	were	being taught
he/she/it	was	being taught
we	were	being taught
you	were	being taught
they	were	being taught

Future I Progressive

I	will be	being taught
you	will be	being taught
he/she/it	will be	being taught
we	will be	being taught
you	will be	being taught
they	will be	being taught

Present Perfect

I	have	been taught
you	have	been taught
he/she/it	has	been taught
we	have	been taught
you	have	been taught
they	have	been taught

Present Perfect Progressive

I	have	been being taught
you	have	been being taught
he/she/it	has	been being taught
we	have	been being taught
you	have	been being taught
they	have	been being taught

Future II

I	will have been taught
you	will have been taught
he/she/it	will have been taught
we	will have been taught
you	will have been taught
they	will have been taught

Past Perfect

I	had been taught
you	had been taught
he/she/it	had been taught
we	had been taught
you	had been taught
they	had been taught

Past Perfect Progressive

I	had	been being taught
you	had	been being taught
he/she/it	had	been being taught
we	had	been being taught
you	had	been being taught
they	had	been being taught

Future II Progressive

I	will have been	being taught
you	will have been	being taught
he/she/it	will have been	being taught
we	will have been	being taught
you	will have been	being taught
they	will have been	being taught

Imperative

be + Past Participle*

Gerund

being taught

Conditional II

I	would be taught
you	would be taught
he/she/it	would be taught
we	would be taught
you	would be taught
they	would be taught

Conditional Past

I	would have	been taught
you	would have	been taught
he/she/it	would have	been taught
we	would have	been taught
you	would have	been taught
they	would have	been taught

*selten

Simple Present

I	allow
you	allow
he/she/it	allows
we	allow
you	allow
they	allow

Present Progressive

I	am	allowing
you	are	allowing
he/she/it	is	allowing
we	are	allowing
you	are	allowing
they	are	allowing

Future I

I	will	allow
you	will	allow
he/she/it	will	allow
we	will	allow
you	will	allow
they	will	allow

Simple Past

I	allowed
you	allowed
he/she/it	allowed
we	allowed
you	allowed
they	allowed

Past Progressive

I	was	allowing
you	were	allowing
he/she/it	was	allowing
we	were	allowing
you	were	allowing
they	were	allowing

Future I Progressive

I	will be allowing
you	will be allowing
he/she/it	will be allowing
we	will be allowing
you	will be allowing
they	will be allowing

Present Perfect

I	have	allowed
you	have	allowed
he/she/it	has	allowed
we	have	allowed
you	have	allowed
they	have	allowed

Present Perfect Progressive

I	have	been allowing
you	have	been allowing
he/she/it	has	been allowing
we	have	been allowing
you	have	been allowing
they	have	been allowing

Future II

I	will have allowed
you	will have allowed
he/she/it	will have allowed
we	will have allowed
you	will have allowed
they	will have allowed

Past Perfect

I	had	allowed
you	had	allowed
he/she/it	had	allowed
we	had	allowed
you	had	allowed
they	had	allowed

Past Perfect Progressive

I	had	been allowing
you	had	been allowing
he/she/it	had	been allowing
we	had	been allowing
you	had	been allowing
they	had	been allowing

Future II Progressive

I	will have been allowing
you	will have been allowing
he/she/it	will have been allowing
we	will have been allowing
you	will have been allowing
they	will have been allowing

Imperative

allow

Gerund

allowing

Past Participle

allowed

Conditional II

I	would allow
you	would allow
he/she/it	would allow
we	would allow
you	would allow
they	would allow

Conditional Past

I	would have	allowed
you	would have	allowed
he/she/it	would have	allowed
we	would have	allowed
you	would have	allowed
they	would have	allowed

Simple Present

I	answer
you	answer
he/she/it	answers
we	answer
you	answer
they	answer

Present Progressive

I	am	answering
you	are	answering
he/she/it	is	answering
we	are	answering
you	are	answering
they	are	answering

Future I

I	will	answer
you	will	answer
he/she/it	will	answer
we	will	answer
you	will	answer
they	will	answer

Simple Past

I	answered
you	answered
he/she/it	answered
we	answered
you	answered
they	answered

Past Progressive

I	was	answering
you	were	answering
he/she/it	was	answering
we	were	answering
you	were	answering
they	were	answering

Future I Progressive

I	will be answering
you	will be answering
he/she/it	will be answering
we	will be answering
you	will be answering
they	will be answering

Present Perfect

I	have	answered
you	have	answered
he/she/it	has	answered
we	have	answered
you	have	answered
they	have	answered

Present Perfect Progressive

I	have	been answering
you	have	been answering
he/she/it	has	been answering
we	have	been answering
you	have	been answering
they	have	been answering

Future II

I	will have answered
you	will have answered
he/she/it	will have answered
we	will have answered
you	will have answered
they	will have answered

Past Perfect

I	had	answered
you	had	answered
he/she/it	had	answered
we	had	answered
you	had	answered
they	had	answered

Past Perfect Progressive

I	had	been answering
you	had	been answering
he/she/it	had	been answering
we	had	been answering
you	had	been answering
they	had	been answering

Future II Progressive

I	will have been answering
you	will have been answering
he/she/it	will have been answering
we	will have been answering
you	will have been answering
they	will have been answering

Imperative

answer

Gerund

answering

Past Participle

answered

Conditional II

I	would answer
you	would answer
he/she/it	would answer
we	would answer
you	would answer
they	would answer

Conditional Past

I	would have answered
you	would have answered
he/she/it	would have answered
we	would have answered
you	would have answered
they	would have answered

Achtung! In der ***-ing-*** Form entfällt das Endungs-e.
In der Partizip-Form hängst Du nur ***-d*** und nicht ***-ed*** an.

arrive 3
ankommen

Simple Present

I	arrive
you	arrive
he/she/it	arrives
we	arrive
you	arrive
they	arrive

Simple Past

I	arrived
you	arrived
he/she/it	arrived
we	arrived
you	arrived
they	arrived

Present Perfect

I	have	arrived
you	have	arrived
he/she/it	has	arrived
we	have	arrived
you	have	arrived
they	have	arrived

Past Perfect

I	had	arrived
you	had	arrived
he/she/it	had	arrived
we	had	arrived
you	had	arrived
they	had	arrived

Present Progressive

I	am	arriving
you	are	arriving
he/she/it	is	arriving
we	are	arriving
you	are	arriving
they	are	arriving

Past Progressive

I	was	arriving
you	were	arriving
he/she/it	was	arriving
we	were	arriving
you	were	arriving
they	were	arriving

Present Perfect Progressive

I	have	been arriving
you	have	been arriving
he/she/it	has	been arriving
we	have	been arriving
you	have	been arriving
they	have	been arriving

Past Perfect Progressive

I	had	been arriving
you	had	been arriving
he/she/it	had	been arriving
we	had	been arriving
you	had	been arriving
they	had	been arriving

Future I

I	will	arrive
you	will	arrive
he/she/it	will	arrive
we	will	arrive
you	will	arrive
they	will	arrive

Future I Progressive

I	will be arriving
you	will be arriving
he/she/it	will be arriving
we	will be arriving
you	will be arriving
they	will be arriving

Future II

I	will have arrived
you	will have arrived
he/she/it	will have arrived
we	will have arrived
you	will have arrived
they	will have arrived

Future II Progressive

I	will have been arriving
you	will have been arriving
he/she/it	will have been arriving
we	will have been arriving
you	will have been arriving
they	will have been arriving

Imperative

arrive

Gerund

arriving

Past Participle

arrived

Conditional II

I	would arrive
you	would arrive
he/she/it	would arrive
we	would arrive
you	would arrive
they	would arrive

Conditional Past

I	would have	arrived
you	would have	arrived
he/she/it	would have	arrived
we	would have	arrived
you	would have	arrived
they	would have	arrived

ask

fragen

Simple Present

I	ask
you	ask
he/she/it	asks
we	ask
you	ask
they	ask

Simple Past

I	asked
you	asked
he/she/it	asked
we	asked
you	asked
they	asked

Present Perfect

I	have asked
you	have asked
he/she/it	has asked
we	have asked
you	have asked
they	have asked

Past Perfect

I	had asked
you	had asked
he/she/it	had asked
we	had asked
you	had asked
they	had asked

Present Progressive

I	am asking
you	are asking
he/she/it	is asking
we	are asking
you	are asking
they	are asking

Past Progressive

I	was asking
you	were asking
he/she/it	was asking
we	were asking
you	were asking
they	were asking

Present Perfect Progressive

I	have been asking
you	have been asking
he/she/it	has been asking
we	have been asking
you	have been asking
they	have been asking

Past Perfect Progressive

I	had been asking
you	had been asking
he/she/it	had been asking
we	had been asking
you	had been asking
they	had been asking

Future I

I	will ask
you	will ask
he/she/it	will ask
we	will ask
you	will ask
they	will ask

Future I Progressive

I	will be asking
you	will be asking
he/she/it	will be asking
we	will be asking
you	will be asking
they	will be asking

Future II

I	will have asked
you	will have asked
he/she/it	will have asked
we	will have asked
you	will have asked
they	will have asked

Future II Progressive

I	will have been asking
you	will have been asking
he/she/it	will have been asking
we	will have been asking
you	will have been asking
they	will have been asking

Imperative

ask

Gerund

asking

Past Participle

asked

Conditional II

I	would ask
you	would ask
he/she/it	would ask
we	would ask
you	would ask
they	would ask

Conditional Past

I	would have asked
you	would have asked
he/she/it	would have asked
we	would have asked
you	would have asked
they	would have asked

be – was / were – been 5

sein

Achtung! Für die Bildung des Passiv verwendest Du die Verlaufsformen von *be*.

Simple Present

I	am
you	are
he/she/it	is
we	are
you	are
they	are

Present Progressive

I	am	being
you	are	being
he/she/it	is	being
we	are	being
you	are	being
they	are	being

Future I

I	will	be
you	will	be
he/she/it	will	be
we	will	be
you	will	be
they	will	be

Simple Past

I	was
you	were
he/she/it	was
we	were
you	were
they	were

Past Progressive

I	was	being
you	were	being
he/she/it	was	being
we	were	being
you	were	being
they	were	being

Future I Progressive

I	will be being
you	will be being
he/she/it	will be being
we	will be being
you	will be being
they	will be being

Present Perfect

I	have	been
you	have	been
he/she/it	has	been
we	have	been
you	have	been
they	have	been

Present Perfect Progressive

I	have	been	being
you	have	been	being
he/she/it	has	been	being
we	have	been	being
you	have	been	being
they	have	been	being

Future II

I	will have been
you	will have been
he/she/it	will have been
we	will have been
you	will have been
they	will have been

Past Perfect

I	had	been
you	had	been
he/she/it	had	been
we	had	been
you	had	been
they	had	been

Past Perfect Progressive

I	had	been being
you	had	been being
he/she/it	had	been being
we	had	been being
you	had	been being
they	had	been being

Future II Progressive

I	will have been being
you	will have been being
he/she/it	will have been being
we	will have been being
you	will have been being
they	will have been being

Imperative

be

Gerund

being

Past Participle

been

Conditional II

I	would be
you	would be
he/she/it	would be
we	would be
you	would be
they	would be

Conditional Past

I	would have	been
you	would have	been
he/she/it	would have	been
we	would have	been
you	would have	been
they	would have	been

6 become – became – become

werden

Unregelmäßiges Verb

Achtung! In der ***-ing-*** Form entfällt das Endungs-e.

Simple Present

I	become
you	become
he/she/it	becomes
we	become
you	become
they	become

Simple Past

I	became
you	became
he/she/it	became
we	became
you	became
they	became

Present Perfect

I	have	become
you	have	become
he/she/it	has	become
we	have	become
you	have	become
they	have	become

Past Perfect

I	had	become
you	had	become
he/she/it	had	become
we	had	become
you	had	become
they	had	become

Present Progressive

I	am	becoming
you	are	becoming
he/she/it	is	becoming
we	are	becoming
you	are	becoming
they	are	becoming

Past Progressive

I	was	becoming
you	were	becoming
he/she/it	was	becoming
we	were	becoming
you	were	becoming
they	were	becoming

Present Perfect Progressive

I	have	been	becoming
you	have	been	becoming
he/she/it	has	been	becoming
we	have	been	becoming
you	have	been	becoming
they	have	been	becoming

Past Perfect Progressive

I	had	been	becoming
you	had	been	becoming
he/she/it	had	been	becoming
we	had	been	becoming
you	had	been	becoming
they	had	been	becoming

Future I

I	will	become
you	will	become
he/she/it	will	become
we	will	become
you	will	become
they	will	become

Future I Progressive

I	will be becoming
you	will be becoming
he/she/it	will be becoming
we	will be becoming
you	will be becoming
they	will be becoming

Future II

I	will have become
you	will have become
he/she/it	will have become
we	will have become
you	will have become
they	will have become

Future II Progressive

I	will have been becoming
you	will have been becoming
he/she/it	will have been becoming
we	will have been becoming
you	will have been becoming
they	will have been becoming

Imperative

become

Gerund

becoming

Past Participle

become

Conditional II

I	would become
you	would become
he/she/it	would become
we	would become
you	would become
they	would become

Conditional Past

I	would have	become
you	would have	become
he/she/it	would have	become
we	would have	become
you	would have	become
they	would have	become

Achtung! In manchen Formen verdoppelt sich der Endkonsonant. Achte auf die farbige Hervorhebung.

begin - began - begun

beginnen / anfangen

Simple Present

I	begin
you	begin
he/she/it	begins
we	begin
you	begin
they	begin

Present Progressive

I	am	beginning
you	are	beginning
he/she/it	is	beginning
we	are	beginning
you	are	beginning
they	are	beginning

Future I

I	will	begin
you	will	begin
he/she/it	will	begin
we	will	begin
you	will	begin
they	will	begin

Simple Past

I	began
you	began
he/she/it	began
we	began
you	began
they	began

Past Progressive

I	was	beginning
you	were	beginning
he/she/it	was	beginning
we	were	beginning
you	were	beginning
they	were	beginning

Future I Progressive

I	will be beginning
you	will be beginning
he/she/it	will be beginning
we	will be beginning
you	will be beginning
they	will be beginning

Present Perfect

I	have	begun
you	have	begun
he/she/it	has	begun
we	have	begun
you	have	begun
they	have	begun

Present Perfect Progressive

I	have	been	beginning
you	have	been	beginning
he/she/it	has	been	beginning
we	have	been	beginning
you	have	been	beginning
they	have	been	beginning

Future II

I	will have begun
you	will have begun
he/she/it	will have begun
we	will have begun
you	will have begun
they	will have begun

Past Perfect

I	had	begun
you	had	begun
he/she/it	had	begun
we	had	begun
you	had	begun
they	had	begun

Past Perfect Progressive

I	had	been	beginning
you	had	been	beginning
he/she/it	had	been	beginning
we	had	been	beginning
you	had	been	beginning
they	had	been	beginning

Future II Progressive

I	will have been beginning
you	will have been beginning
he/she/it	will have been beginning
we	will have been beginning
you	will have been beginning
they	will have been beginning

Imperative

begin

Gerund

beginning

Past Participle

begun

Conditional II

I	would begin
you	would begin
he/she/it	would begin
we	would begin
you	would begin
they	would begin

Conditional Past

I	would have	begun
you	would have	begun
he/she/it	would have	begun
we	would have	begun
you	would have	begun
they	would have	begun

Simple Present

I	book
you	book
he/she/it	books
we	book
you	book
they	book

Present Progressive

I	am	booking
you	are	booking
he/she/it	is	booking
we	are	booking
you	are	booking
they	are	booking

Future I

I	will	book
you	will	book
he/she/it	will	book
we	will	book
you	will	book
they	will	book

Simple Past

I	booked
you	booked
he/she/it	booked
we	booked
you	booked
they	booked

Past Progressive

I	was	booking
you	were	booking
he/she/it	was	booking
we	were	booking
you	were	booking
they	were	booking

Future I Progressive

I	will be booking
you	will be booking
he/she/it	will be booking
we	will be booking
you	will be booking
they	will be booking

Present Perfect

I	have	booked
you	have	booked
he/she/it	has	booked
we	have	booked
you	have	booked
they	have	booked

Present Perfect Progressive

I	have	been booking
you	have	been booking
he/she/it	has	been booking
we	have	been booking
you	have	been booking
they	have	been booking

Future II

I	will have booked
you	will have booked
he/she/it	will have booked
we	will have booked
you	will have booked
they	will have booked

Past Perfect

I	had	booked
you	had	booked
he/she/it	had	booked
we	had	booked
you	had	booked
they	had	booked

Past Perfect Progressive

I	had	been booking
you	had	been booking
he/she/it	had	been booking
we	had	been booking
you	had	been booking
they	had	been booking

Future II Progressive

I	will have been booking
you	will have been booking
he/she/it	will have been booking
we	will have been booking
you	will have been booking
they	will have been booking

Imperative

book

Gerund

booking

Past Participle

booked

Conditional II

I	would book
you	would book
he/she/it	would book
we	would book
you	would book
they	would book

Conditional Past

I	would have	booked
you	would have	booked
he/she/it	would have	booked
we	would have	booked
you	would have	booked
they	would have	booked

break - broke - broken 9

(zer)brechen

Simple Present

I	break
you	break
he/she/it	breaks
we	break
you	break
they	break

Present Progressive

I	am	breaking
you	are	breaking
he/she/it	is	breaking
we	are	breaking
you	are	breaking
they	are	breaking

Future I

I	will	break
you	will	break
he/she/it	will	break
we	will	break
you	will	break
they	will	break

Simple Past

I	broke
you	broke
he/she/it	broke
we	broke
you	broke
they	broke

Past Progressive

I	was	breaking
you	were	breaking
he/she/it	was	breaking
we	were	breaking
you	were	breaking
they	were	breaking

Future I Progressive

I	will be breaking
you	will be breaking
he/she/it	will be breaking
we	will be breaking
you	will be breaking
they	will be breaking

Present Perfect

I	have	broken
you	have	broken
he/she/it	has	broken
we	have	broken
you	have	broken
they	have	broken

Present Perfect Progressive

I	have	been breaking
you	have	been breaking
he/she/it	has	been breaking
we	have	been breaking
you	have	been breaking
they	have	been breaking

Future II

I	will have broken
you	will have broken
he/she/it	will have broken
we	will have broken
you	will have broken
they	will have broken

Past Perfect

I	had	broken
you	had	broken
he/she/it	had	broken
we	had	broken
you	had	broken
they	had	broken

Past Perfect Progressive

I	had	been breaking
you	had	been breaking
he/she/it	had	been breaking
we	had	been breaking
you	had	been breaking
they	had	been breaking

Future II Progressive

I	will have been breaking
you	will have been breaking
he/she/it	will have been breaking
we	will have been breaking
you	will have been breaking
they	will have been breaking

Imperative

break

Gerund

breaking

Past Participle

broken

Conditional II

I	would break
you	would break
he/she/it	would break
we	would break
you	would break
they	would break

Conditional Past

I	would have	broken
you	would have	broken
he/she/it	would have	broken
we	would have	broken
you	would have	broken
they	would have	broken

bring – brought – brought

(mit)bringen

Simple Present

I	bring
you	bring
he/she/it	brings
we	bring
you	bring
they	bring

Simple Past

I	brought
you	brought
he/she/it	brought
we	brought
you	brought
they	brought

Present Perfect

I	have	brought
you	have	brought
he/she/it	has	brought
we	have	brought
you	have	brought
they	have	brought

Past Perfect

I	had	brought
you	had	brought
he/she/it	had	brought
we	had	brought
you	had	brought
they	had	brought

Present Progressive

I	am	bringing
you	are	bringing
he/she/it	is	bringing
we	are	bringing
you	are	bringing
they	are	bringing

Past Progressive

I	was	bringing
you	were	bringing
he/she/it	was	bringing
we	were	bringing
you	were	bringing
they	were	bringing

Present Perfect Progressive

I	have	been	bringing
you	have	been	bringing
he/she/it	has	been	bringing
we	have	been	bringing
you	have	been	bringing
they	have	been	bringing

Past Perfect Progressive

I	had	been	bringing
you	had	been	bringing
he/she/it	had	been	bringing
we	had	been	bringing
you	had	been	bringing
they	had	been	bringing

Future I

I	will	bring
you	will	bring
he/she/it	will	bring
we	will	bring
you	will	bring
they	will	bring

Future I Progressive

I	will be bringing
you	will be bringing
he/she/it	will be bringing
we	will be bringing
you	will be bringing
they	will be bringing

Future II

I	will have brought
you	will have brought
he/she/it	will have brought
we	will have brought
you	will have brought
they	will have brought

Future II Progressive

I	will have been bringing
you	will have been bringing
he/she/it	will have been bringing
we	will have been bringing
you	will have been bringing
they	will have been bringing

Imperative

bring

Gerund

bringing

Past Participle

brought

Conditional II

I	would bring
you	would bring
he/she/it	would bring
we	would bring
you	would bring
they	would bring

Conditional Past

I	would have	brought
you	would have	brought
he/she/it	would have	brought
we	would have	brought
you	would have	brought
they	would have	brought

buy - bought - bought 11

kaufen

Simple Present

I	buy
you	buy
he/she/it	buys
we	buy
you	buy
they	buy

Present Progressive

I	am	buying
you	are	buying
he/she/it	is	buying
we	are	buying
you	are	buying
they	are	buying

Future I

I	will	buy
you	will	buy
he/she/it	will	buy
we	will	buy
you	will	buy
they	will	buy

Simple Past

I	bought
you	bought
he/she/it	bought
we	bought
you	bought
they	bought

Past Progressive

I	was	buying
you	were	buying
he/she/it	was	buying
we	were	buying
you	were	buying
they	were	buying

Future I Progressive

I	will be buying
you	will be buying
he/she/it	will be buying
we	will be buying
you	will be buying
they	will be buying

Present Perfect

I	have	bought
you	have	bought
he/she/it	has	bought
we	have	bought
you	have	bought
they	have	bought

Present Perfect Progressive

I	have	been	buying
you	have	been	buying
he/she/it	has	been	buying
we	have	been	buying
you	have	been	buying
they	have	been	buying

Future II

I	will have bought
you	will have bought
he/she/it	will have bought
we	will have bought
you	will have bought
they	will have bought

Past Perfect

I	had	bought
you	had	bought
he/she/it	had	bought
we	had	bought
you	had	bought
they	had	bought

Past Perfect Progressive

I	had	been	buying
you	had	been	buying
he/she/it	had	been	buying
we	had	been	buying
you	had	been	buying
they	had	been	buying

Future II Progressive

I	will have been buying
you	will have been buying
he/she/it	will have been buying
we	will have been buying
you	will have been buying
they	will have been buying

Imperative

buy

Gerund

buying

Past Participle

bought

Conditional II

I	would buy
you	would buy
he/she/it	would buy
we	would buy
you	would buy
they	would buy

Conditional Past

I	would have	bought
you	would have	bought
he/she/it	would have	bought
we	would have	bought
you	would have	bought
they	would have	bought

Simple Present

I	call
you	call
he/she/it	calls
we	call
you	call
they	call

Simple Past

I	called
you	called
he/she/it	called
we	called
you	called
they	called

Present Perfect

I	have called
you	have called
he/she/it	has called
we	have called
you	have called
they	have called

Past Perfect

I	had called
you	had called
he/she/it	had called
we	had called
you	had called
they	had called

Present Progressive

I	am calling
you	are calling
he/she/it	is calling
we	are calling
you	are calling
they	are calling

Past Progressive

I	was calling
you	were calling
he/she/it	was calling
we	were calling
you	were calling
they	were calling

Present Perfect Progressive

I	have been calling
you	have been calling
he/she/it	has been calling
we	have been calling
you	have been calling
they	have been calling

Past Perfect Progressive

I	had been calling
you	had been calling
he/she/it	had been calling
we	had been calling
you	had been calling
they	had been calling

Future I

I	will call
you	will call
he/she/it	will call
we	will call
you	will call
they	will call

Future I Progressive

I	will be calling
you	will be calling
he/she/it	will be calling
we	will be calling
you	will be calling
they	will be calling

Future II

I	will have called
you	will have called
he/she/it	will have called
we	will have called
you	will have called
they	will have called

Future II Progressive

I	will have been calling
you	will have been calling
he/she/it	will have been calling
we	will have been calling
you	will have been calling
they	will have been calling

Imperative

call

Gerund

calling

Past Participle

called

Conditional II

I	would call
you	would call
he/she/it	would call
we	would call
you	would call
they	would call

Conditional Past

I	would have called
you	would have called
he/she/it	would have called
we	would have called
you	would have called
they	would have called

Unvollständiges Modalverb. *Can* bzw. *could* werden nur im *Simple Present* und *Simple Past* verwendet. *Can / could / be able to* haben keine Verlaufsform.

can / be able to 13

können

Simple Present

I	can / am able to
you	can / are able to
he/she/it	can / is able to
we	can / are able to
you	can / are able to
they	can / are able to

Present Progressive

—

Future I

I	will be able to
you	will be able to
he/she/it	will be able to
we	will be able to
you	will be able to
they	will be able to

Simple Past

I	could / was able to
you	could / were able to
he/she/it	could / was able to
we	could / were able to
you	could / were able to
they	could / were able to

Past Progressive

—

Future I Progressive

—

Present Perfect

I	have been able to
you	have been able to
he/she/it	has been able to
we	have been able to
you	have been able to
they	have been able to

Present Perfect Progressive

—

Future II

I	will have been able to
you	will have been able to
he/she/it	will have been able to
we	will have been able to
you	will have been able to
they	will have been able to

Past Perfect

I	had been able to
you	had been able to
he/she/it	had been able to
we	had been able to
you	had been able to
they	had been able to

Past Perfect Progressive

—

Future II Progressive

—

Imperative

be able to

Gerund

being able to

Past Participle

been able to

Conditional II

I	would be able to
you	would be able to
he/she/it	would be able to
we	would be able to
you	would be able to
they	would be able to

Conditional Past

I	would have been able to
you	would have been able to
he/she/it	would have been able to
we	would have been able to
you	would have been able to
they	would have been able to

cancel

absagen / stornieren

Regelmäßiges Verb

Im AE wird das **-l** nicht verdoppelt.

Simple Present

I	cancel
you	cancel
he/she/it	cancels
we	cancel
you	cancel
they	cancel

Present Progressive

I	am	cancelling
you	are	cancelling
he/she/it	is	cancelling
we	are	cancelling
you	are	cancelling
they	are	cancelling

Future I

I	will	cancel
you	will	cancel
he/she/it	will	cancel
we	will	cancel
you	will	cancel
they	will	cancel

Simple Past

I	cancelled
you	cancelled
he/she/it	cancelled
we	cancelled
you	cancelled
they	cancelled

Past Progressive

I	was	cancelling
you	were	cancelling
he/she/it	was	cancelling
we	were	cancelling
you	were	cancelling
they	were	cancelling

Future I Progressive

I	will be cancelling
you	will be cancelling
he/she/it	will be cancelling
we	will be cancelling
you	will be cancelling
they	will be cancelling

Present Perfect

I	have	cancelled
you	have	cancelled
he/she/it	has	cancelled
we	have	cancelled
you	have	cancelled
they	have	cancelled

Present Perfect Progressive

I	have	been cancelling
you	have	been cancelling
he/she/it	has	been cancelling
we	have	been cancelling
you	have	been cancelling
they	have	been cancelling

Future II

I	will have cancelled
you	will have cancelled
he/she/it	will have cancelled
we	will have cancelled
you	will have cancelled
they	will have cancelled

Past Perfect

I	had	cancelled
you	had	cancelled
he/she/it	had	cancelled
we	had	cancelled
you	had	cancelled
they	had	cancelled

Past Perfect Progressive

I	had	been cancelling
you	had	been cancelling
he/she/it	had	been cancelling
we	had	been cancelling
you	had	been cancelling
they	had	been cancelling

Future II Progressive

I	will have been cancelling
you	will have been cancelling
he/she/it	will have been cancelling
we	will have been cancelling
you	will have been cancelling
they	will have been cancelling

Imperative

cancel

Gerund

cancelling

Past Participle

cancelled

Conditional II

I	would cancel
you	would cancel
he/she/it	would cancel
we	would cancel
you	would cancel
they	would cancel

Conditional Past

I	would have cancelled
you	would have cancelled
he/she/it	would have cancelled
we	would have cancelled
you	would have cancelled
they	would have cancelled

Simple Present

I	carry
you	carry
he/she/it	carries
we	carry
you	carry
they	carry

Present Progressive

I	am	carrying
you	are	carrying
he/she/it	is	carrying
we	are	carrying
you	are	carrying
they	are	carrying

Future I

I	will	carry
you	will	carry
he/she/it	will	carry
we	will	carry
you	will	carry
they	will	carry

Simple Past

I	carried
you	carried
he/she/it	carried
we	carried
you	carried
they	carried

Past Progressive

I	was	carrying
you	were	carrying
he/she/it	was	carrying
we	were	carrying
you	were	carrying
they	were	carrying

Future I Progressive

I	will be carrying
you	will be carrying
he/she/it	will be carrying
we	will be carrying
you	will be carrying
they	will be carrying

Present Perfect

I	have	carried
you	have	carried
he/she/it	has	carried
we	have	carried
you	have	carried
they	have	carried

Present Perfect Progressive

I	have	been carrying
you	have	been carrying
he/she/it	has	been carrying
we	have	been carrying
you	have	been carrying
they	have	been carrying

Future II

I	will have carried
you	will have carried
he/she/it	will have carried
we	will have carried
you	will have carried
they	will have carried

Past Perfect

I	had carried
you	had carried
he/she/it	had carried
we	had carried
you	had carried
they	had carried

Past Perfect Progressive

I	had been carrying
you	had been carrying
he/she/it	had been carrying
we	had been carrying
you	had been carrying
they	had been carrying

Future II Progressive

I	will have been carrying
you	will have been carrying
he/she/it	will have been carrying
we	will have been carrying
you	will have been carrying
they	will have been carrying

Imperative

carry

Gerund

carrying

Past Participle

carried

Conditional II

I	would carry
you	would carry
he/she/it	would carry
we	would carry
you	would carry
they	would carry

Conditional Past

I	would have carried
you	would have carried
he/she/it	would have carried
we	would have carried
you	would have carried
they	would have carried

16 catch - caught - caught

Unregelmäßiges Verb

fangen Achtung in der 3. Person Singular im *Simple Present*! Hier musst Du ein **-es** anhängen.

Simple Present

I	catch
you	catch
he/she/it	catches
we	catch
you	catch
they	catch

Simple Past

I	caught
you	caught
he/she/it	caught
we	caught
you	caught
they	caught

Present Perfect

I	have caught
you	have caught
he/she/it	has caught
we	have caught
you	have caught
they	have caught

Past Perfect

I	had caught
you	had caught
he/she/it	had caught
we	had caught
you	had caught
they	had caught

Present Progressive

I	am catching
you	are catching
he/she/it	is catching
we	are catching
you	are catching
they	are catching

Past Progressive

I	was catching
you	were catching
he/she/it	was catching
we	were catching
you	were catching
they	were catching

Present Perfect Progressive

I	have been catching
you	have been catching
he/she/it	has been catching
we	have been catching
you	have been catching
they	have been catching

Past Perfect Progressive

I	had been catching
you	had been catching
he/she/it	had been catching
we	had been catching
you	had been catching
they	had been catching

Future I

I	will catch
you	will catch
he/she/it	will catch
we	will catch
you	will catch
they	will catch

Future I Progressive

I	will be catching
you	will be catching
he/she/it	will be catching
we	will be catching
you	will be catching
they	will be catching

Future II

I	will have caught
you	will have caught
he/she/it	will have caught
we	will have caught
you	will have caught
they	will have caught

Future II Progressive

I	will have been catching
you	will have been catching
he/she/it	will have been catching
we	will have been catching
you	will have been catching
they	will have been catching

Imperative

catch

Gerund

catching

Past Participle

caught

Conditional II

I	would catch
you	would catch
he/she/it	would catch
we	would catch
you	would catch
they	would catch

Conditional Past

I	would have caught
you	would have caught
he/she/it	would have caught
we	would have caught
you	would have caught
they	would have caught

Achtung! In der ***-ing-*** Form entfällt das Endungs-e.
In der Partizip-Form hängst Du nur ***-d*** und nicht ***-ed*** an.

change 17
ändern / wechseln

Simple Present

I	change
you	change
he/she/it	changes
we	change
you	change
they	change

Present Progressive

I	am	changing
you	are	changing
he/she/it	is	changing
we	are	changing
you	are	changing
they	are	changing

Future I

I	will	change
you	will	change
he/she/it	will	change
we	will	change
you	will	change
they	will	change

Simple Past

I	changed
you	changed
he/she/it	changed
we	changed
you	changed
they	changed

Past Progressive

I	was	changing
you	were	changing
he/she/it	was	changing
we	were	changing
you	were	changing
they	were	changing

Future I Progressive

I	will be changing
you	will be changing
he/she/it	will be changing
we	will be changing
you	will be changing
they	will be changing

Present Perfect

I	have	changed
you	have	changed
he/she/it	has	changed
we	have	changed
you	have	changed
they	have	changed

Present Perfect Progressive

I	have	been changing
you	have	been changing
he/she/it	has	been changing
we	have	been changing
you	have	been changing
they	have	been changing

Future II

I	will have changed
you	will have changed
he/she/it	will have changed
we	will have changed
you	will have changed
they	will have changed

Past Perfect

I	had changed
you	had changed
he/she/it	had changed
we	had changed
you	had changed
they	had changed

Past Perfect Progressive

I	had been changing
you	had been changing
he/she/it	had been changing
we	had been changing
you	had been changing
they	had been changing

Future II Progressive

I	will have been changing
you	will have been changing
he/she/it	will have been changing
we	will have been changing
you	will have been changing
they	will have been changing

Imperative

change

Gerund

changing

Past Participle

changed

Conditional II

I	would change
you	would change
he/she/it	would change
we	would change
you	would change
they	would change

Conditional Past

I	would have changed
you	would have changed
he/she/it	would have changed
we	would have changed
you	would have changed
they	would have changed

choose – chose – chosen

(aus)wählen

Unregelmäßiges Verb

Achtung! In der ***-ing-*** Form entfällt das Endungs-e.

Simple Present

I	choose
you	choose
he/she/it	chooses
we	choose
you	choose
they	choose

Present Progressive

I	am	choosing
you	are	choosing
he/she/it	is	choosing
we	are	choosing
you	are	choosing
they	are	choosing

Future I

I	will	choose
you	will	choose
he/she/it	will	choose
we	will	choose
you	will	choose
they	will	choose

Simple Past

I	chose
you	chose
he/she/it	chose
we	chose
you	chose
they	chose

Past Progressive

I	was	choosing
you	were	choosing
he/she/it	was	choosing
we	were	choosing
you	were	choosing
they	were	choosing

Future I Progressive

I	will be choosing
you	will be choosing
he/she/it	will be choosing
we	will be choosing
you	will be choosing
they	will be choosing

Present Perfect

I	have	chosen
you	have	chosen
he/she/it	has	chosen
we	have	chosen
you	have	chosen
they	have	chosen

Present Perfect Progressive

I	have	been choosing
you	have	been choosing
he/she/it	has	been choosing
we	have	been choosing
you	have	been choosing
they	have	been choosing

Future II

I	will have chosen
you	will have chosen
he/she/it	will have chosen
we	will have chosen
you	will have chosen
they	will have chosen

Past Perfect

I	had	chosen
you	had	chosen
he/she/it	had	chosen
we	had	chosen
you	had	chosen
they	had	chosen

Past Perfect Progressive

I	had	been choosing
you	had	been choosing
he/she/it	had	been choosing
we	had	been choosing
you	had	been choosing
they	had	been choosing

Future II Progressive

I	will have been choosing
you	will have been choosing
he/she/it	will have been choosing
we	will have been choosing
you	will have been choosing
they	will have been choosing

Imperative

choose

Gerund

choosing

Past Participle

chosen

Conditional II

I	would choose
you	would choose
he/she/it	would choose
we	would choose
you	would choose
they	would choose

Conditional Past

I	would have chosen
you	would have chosen
he/she/it	would have chosen
we	would have chosen
you	would have chosen
they	would have chosen

Achtung! In der ***-ing-*** Form entfällt das Endungs-e.
In der Partizip-Form hängst Du nur ***-d*** und nicht ***-ed*** an.

close 19
schließen

Simple Present

I	close
you	close
he/she/it	closes
we	close
you	close
they	close

Present Progressive

I	am	closing
you	are	closing
he/she/it	is	closing
we	are	closing
you	are	closing
they	are	closing

Future I

I	will	close
you	will	close
he/she/it	will	close
we	will	close
you	will	close
they	will	close

Simple Past

I	closed
you	closed
he/she/it	closed
we	closed
you	closed
they	closed

Past Progressive

I	was	closing
you	were	closing
he/she/it	was	closing
we	were	closing
you	were	closing
they	were	closing

Future I Progressive

I	will be closing
you	will be closing
he/she/it	will be closing
we	will be closing
you	will be closing
they	will be closing

Present Perfect

I	have	closed
you	have	closed
he/she/it	has	closed
we	have	closed
you	have	closed
they	have	closed

Present Perfect Progressive

I	have	been closing
you	have	been closing
he/she/it	has	been closing
we	have	been closing
you	have	been closing
they	have	been closing

Future II

I	will have closed
you	will have closed
he/she/it	will have closed
we	will have closed
you	will have closed
they	will have closed

Past Perfect

I	had	closed
you	had	closed
he/she/it	had	closed
we	had	closed
you	had	closed
they	had	closed

Past Perfect Progressive

I	had	been closing
you	had	been closing
he/she/it	had	been closing
we	had	been closing
you	had	been closing
they	had	been closing

Future II Progressive

I	will have been closing
you	will have been closing
he/she/it	will have been closing
we	will have been closing
you	will have been closing
they	will have been closing

Imperative

close

Gerund

closing

Past Participle

closed

Conditional II

I	would close
you	would close
he/she/it	would close
we	would close
you	would close
they	would close

Conditional Past

I	would have	closed
you	would have	closed
he/she/it	would have	closed
we	would have	closed
you	would have	closed
they	would have	closed

come – came – come

kommen

Unregelmäßiges Verb

Achtung! In der ***-ing-*** Form entfällt das Endungs-e.

Simple Present

I	come
you	come
he/she/it	comes
we	come
you	come
they	come

Present Progressive

I	am	coming
you	are	coming
he/she/it	is	coming
we	are	coming
you	are	coming
they	are	coming

Future I

I	will	come
you	will	come
he/she/it	will	come
we	will	come
you	will	come
they	will	come

Simple Past

I	came
you	came
he/she/it	came
we	came
you	came
they	came

Past Progressive

I	was	coming
you	were	coming
he/she/it	was	coming
we	were	coming
you	were	coming
they	were	coming

Future I Progressive

I	will be coming
you	will be coming
he/she/it	will be coming
we	will be coming
you	will be coming
they	will be coming

Present Perfect

I	have	come
you	have	come
he/she/it	has	come
we	have	come
you	have	come
they	have	come

Present Perfect Progressive

I	have	been coming
you	have	been coming
he/she/it	has	been coming
we	have	been coming
you	have	been coming
they	have	been coming

Future II

I	will have come
you	will have come
he/she/it	will have come
we	will have come
you	will have come
they	will have come

Past Perfect

I	had	come
you	had	come
he/she/it	had	come
we	had	come
you	had	come
they	had	come

Past Perfect Progressive

I	had	been coming
you	had	been coming
he/she/it	had	been coming
we	had	been coming
you	had	been coming
they	had	been coming

Future II Progressive

I	will have been coming
you	will have been coming
he/she/it	will have been coming
we	will have been coming
you	will have been coming
they	will have been coming

Imperative

come

Gerund

coming

Past Participle

come

Conditional II

I	would come
you	would come
he/she/it	would come
we	would come
you	would come
they	would come

Conditional Past

I	would have come
you	would have come
he/she/it	would have come
we	would have come
you	would have come
they	would have come

Simple Present

I	cook
you	cook
he/she/it	cooks
we	cook
you	cook
they	cook

Present Progressive

I	am	cooking
you	are	cooking
he/she/it	is	cooking
we	are	cooking
you	are	cooking
they	are	cooking

Future I

I	will	cook
you	will	cook
he/she/it	will	cook
we	will	cook
you	will	cook
they	will	cook

Simple Past

I	cooked
you	cooked
he/she/it	cooked
we	cooked
you	cooked
they	cooked

Past Progressive

I	was	cooking
you	were	cooking
he/she/it	was	cooking
we	were	cooking
you	were	cooking
they	were	cooking

Future I Progressive

I	will be cooking
you	will be cooking
he/she/it	will be cooking
we	will be cooking
you	will be cooking
they	will be cooking

Present Perfect

I	have	cooked
you	have	cooked
he/she/it	has	cooked
we	have	cooked
you	have	cooked
they	have	cooked

Present Perfect Progressive

I	have	been cooking
you	have	been cooking
he/she/it	has	been cooking
we	have	been cooking
you	have	been cooking
they	have	been cooking

Future II

I	will have cooked
you	will have cooked
he/she/it	will have cooked
we	will have cooked
you	will have cooked
they	will have cooked

Past Perfect

I	had	cooked
you	had	cooked
he/she/it	had	cooked
we	had	cooked
you	had	cooked
they	had	cooked

Past Perfect Progressive

I	had	been cooking
you	had	been cooking
he/she/it	had	been cooking
we	had	been cooking
you	had	been cooking
they	had	been cooking

Future II Progressive

I	will have been cooking
you	will have been cooking
he/she/it	will have been cooking
we	will have been cooking
you	will have been cooking
they	will have been cooking

Imperative

cook

Gerund

cooking

Past Participle

cooked

Conditional II

I	would cook
you	would cook
he/she/it	would cook
we	would cook
you	would cook
they	would cook

Conditional Past

I	would have	cooked
you	would have	cooked
he/she/it	would have	cooked
we	would have	cooked
you	would have	cooked
they	would have	cooked

cost - cost - cost
kosten

Simple Present

I	cost
you	cost
he/she/it	costs
we	cost
you	cost
they	cost

Present Progressive

I	am	costing
you	are	costing
he/she/it	is	costing
we	are	costing
you	are	costing
they	are	costing

Future I

I	will	cost
you	will	cost
he/she/it	will	cost
we	will	cost
you	will	cost
they	will	cost

Simple Past

I	cost
you	cost
he/she/it	cost
we	cost
you	cost
they	cost

Past Progressive

I	was	costing
you	were	costing
he/she/it	was	costing
we	were	costing
you	were	costing
they	were	costing

Future I Progressive

I	will be costing
you	will be costing
he/she/it	will be costing
we	will be costing
you	will be costing
they	will be costing

Present Perfect

I	have	cost
you	have	cost
he/she/it	has	cost
we	have	cost
you	have	cost
they	have	cost

Present Perfect Progressive

I	have	been costing
you	have	been costing
he/she/it	has	been costing
we	have	been costing
you	have	been costing
they	have	been costing

Future II

I	will have cost
you	will have cost
he/she/it	will have cost
we	will have cost
you	will have cost
they	will have cost

Past Perfect

I	had	cost
you	had	cost
he/she/it	had	cost
we	had	cost
you	had	cost
they	had	cost

Past Perfect Progressive

I	had	been costing
you	had	been costing
he/she/it	had	been costing
we	had	been costing
you	had	been costing
they	had	been costing

Future II Progressive

I	will have been costing
you	will have been costing
he/she/it	will have been costing
we	will have been costing
you	will have been costing
they	will have been costing

Imperative

cost

Gerund

costing

Past Participle

cost

Conditional II

I	would cost
you	would cost
he/she/it	would cost
we	would cost
you	would cost
they	would cost

Conditional Past

I	would have	cost
you	would have	cost
he/she/it	would have	cost
we	would have	cost
you	would have	cost
they	would have	cost

cut - cut - cut 23
schneiden

Simple Present

I	cut
you	cut
he/she/it	cuts
we	cut
you	cut
they	cut

Simple Past

I	cut
you	cut
he/she/it	cut
we	cut
you	cut
they	cut

Present Perfect

I	have cut
you	have cut
he/she/it	has cut
we	have cut
you	have cut
they	have cut

Past Perfect

I	had cut
you	had cut
he/she/it	had cut
we	had cut
you	had cut
they	had cut

Present Progressive

I	am	cutting
you	are	cutting
he/she/it	is	cutting
we	are	cutting
you	are	cutting
they	are	cutting

Past Progressive

I	was	cutting
you	were	cutting
he/she/it	was	cutting
we	were	cutting
you	were	cutting
they	were	cutting

Present Perfect Progressive

I	have been cutting
you	have been cutting
he/she/it	has been cutting
we	have been cutting
you	have been cutting
they	have been cutting

Past Perfect Progressive

I	had been cutting
you	had been cutting
he/she/it	had been cutting
we	had been cutting
you	had been cutting
they	had been cutting

Future I

I	will cut
you	will cut
he/she/it	will cut
we	will cut
you	will cut
they	will cut

Future I Progressive

I	will be cutting
you	will be cutting
he/she/it	will be cutting
we	will be cutting
you	will be cutting
they	will be cutting

Future II

I	will have cut
you	will have cut
he/she/it	will have cut
we	will have cut
you	will have cut
they	will have cut

Future II Progressive

I	will have been cutting
you	will have been cutting
he/she/it	will have been cutting
we	will have been cutting
you	will have been cutting
they	will have been cutting

Imperative

cut

Gerund

cutting

Past Participle

cut

Conditional II

I	would cut
you	would cut
he/she/it	would cut
we	would cut
you	would cut
they	would cut

Conditional Past

I	would have cut
you	would have cut
he/she/it	would have cut
we	would have cut
you	would have cut
they	would have cut

decide

entscheiden

Regelmäßiges Verb

Achtung! In der ***-ing-*** Form entfällt das Endungs-e.
In der Partizip-Form hängst Du nur ***-d*** und nicht ***-ed*** an.

Simple Present

I	decide
you	decide
he/she/it	decides
we	decide
you	decide
they	decide

Present Progressive

I	am	deciding
you	are	deciding
he/she/it	is	deciding
we	are	deciding
you	are	deciding
they	are	deciding

Future I

I	will	decide
you	will	decide
he/she/it	will	decide
we	will	decide
you	will	decide
they	will	decide

Simple Past

I	decided
you	decided
he/she/it	decided
we	decided
you	decided
they	decided

Past Progressive

I	was	deciding
you	were	deciding
he/she/it	was	deciding
we	were	deciding
you	were	deciding
they	were	deciding

Future I Progressive

I	will be deciding
you	will be deciding
he/she/it	will be deciding
we	will be deciding
you	will be deciding
they	will be deciding

Present Perfect

I	have	decided
you	have	decided
he/she/it	has	decided
we	have	decided
you	have	decided
they	have	decided

Present Perfect Progressive

I	have	been deciding
you	have	been deciding
he/she/it	has	been deciding
we	have	been deciding
you	have	been deciding
they	have	been deciding

Future II

I	will have decided
you	will have decided
he/she/it	will have decided
we	will have decided
you	will have decided
they	will have decided

Past Perfect

I	had	decided
you	had	decided
he/she/it	had	decided
we	had	decided
you	had	decided
they	had	decided

Past Perfect Progressive

I	had	been deciding
you	had	been deciding
he/she/it	had	been deciding
we	had	been deciding
you	had	been deciding
they	had	been deciding

Future II Progressive

I	will have been deciding
you	will have been deciding
he/she/it	will have been deciding
we	will have been deciding
you	will have been deciding
they	will have been deciding

Imperative

decide

Gerund

deciding

Past Participle

decided

Conditional II

I	would decide
you	would decide
he/she/it	would decide
we	would decide
you	would decide
they	would decide

Conditional Past

I	would have	decided
you	would have	decided
he/she/it	would have	decided
we	would have	decided
you	would have	decided
they	would have	decided

Unregelmäßiges Verb

Achtung in der 3. Person Singular im *Simple Present*!
Hier musst Du ein **-es** anhängen.

do - did - done 25

tun / machen

Simple Present

I	do
you	do
he/she/it	does
we	do
you	do
they	do

Simple Past

I	did
you	did
he/she/it	did
we	did
you	did
they	did

Present Perfect

I	have	done
you	have	done
he/she/it	has	done
we	have	done
you	have	done
they	have	done

Past Perfect

I	had	done
you	had	done
he/she/it	had	done
we	had	done
you	had	done
they	had	done

Present Progressive

I	am	doing
you	are	doing
he/she/it	is	doing
we	are	doing
you	are	doing
they	are	doing

Past Progressive

I	was	doing
you	were	doing
he/she/it	was	doing
we	were	doing
you	were	doing
they	were	doing

Present Perfect Progressive

I	have	been	doing
you	have	been	doing
he/she/it	has	been	doing
we	have	been	doing
you	have	been	doing
they	have	been	doing

Past Perfect Progressive

I	had	been	doing
you	had	been	doing
he/she/it	had	been	doing
we	had	been	doing
you	had	been	doing
they	had	been	doing

Future I

I	will	do
you	will	do
he/she/it	will	do
we	will	do
you	will	do
they	will	do

Future I Progressive

I	will be doing
you	will be doing
he/she/it	will be doing
we	will be doing
you	will be doing
they	will be doing

Future II

I	will have done
you	will have done
he/she/it	will have done
we	will have done
you	will have done
they	will have done

Future II Progressive

I	will have been doing
you	will have been doing
he/she/it	will have been doing
we	will have been doing
you	will have been doing
they	will have been doing

Imperative

do

Gerund

doing

Past Participle

done

Conditional II

I	would do
you	would do
he/she/it	would do
we	would do
you	would do
they	would do

Conditional Past

I	would have	done
you	would have	done
he/she/it	would have	done
wedo	would have	done
you	would have	done
they	would have	done

26 drink - drank - drunk

trinken

Simple Present

I	drink
you	drink
he/she/it	drinks
we	drink
you	drink
they	drink

Present Progressive

I	am	drinking
you	are	drinking
he/she/it	is	drinking
we	are	drinking
you	are	drinking
they	are	drinking

Future I

I	will	drink
you	will	drink
he/she/it	will	drink
we	will	drink
you	will	drink
they	will	drink

Simple Past

I	drank
you	drank
he/she/it	drank
we	drank
you	drank
they	drank

Past Progressive

I	was	drinking
you	were	drinking
he/she/it	was	drinking
we	were	drinking
you	were	drinking
they	were	drinking

Future I Progressive

I	will be drinking
you	will be drinking
he/she/it	will be drinking
we	will be drinking
you	will be drinking
they	will be drinking

Present Perfect

I	have	drunk
you	have	drunk
he/she/it	has	drunk
we	have	drunk
you	have	drunk
they	have	drunk

Present Perfect Progressive

I	have	been	drinking
you	have	been	drinking
he/she/it	has	been	drinking
we	have	been	drinking
you	have	been	drinking
they	have	been	drinking

Future II

I	will have drunk
you	will have drunk
he/she/it	will have drunk
we	will have drunk
you	will have drunk
they	will have drunk

Past Perfect

I	had	drunk
you	had	drunk
he/she/it	had	drunk
we	had	drunk
you	had	drunk
they	had	drunk

Past Perfect Progressive

I	had	been drinking
you	had	been drinking
he/she/it	had	been drinking
we	had	been drinking
you	had	been drinking
they	had	been drinking

Future II Progressive

I	will have been drinking
you	will have been drinking
he/she/it	will have been drinking
we	will have been drinking
you	will have been drinking
they	will have been drinking

Imperative

drink

Gerund

drinking

Past Participle

drunk

Conditional II

I	would drink
you	would drink
he/she/it	would drink
we	would drink
you	would drink
they	would drink

Conditional Past

I	would have	drunk
you	would have	drunk
he/she/it	would have	drunk
we	would have	drunk
you	would have	drunk
they	would have	drunk

Achtung! In der ***-ing-*** Form entfällt das Endungs-e.

fahren

Simple Present

I	drive
you	drive
he/she/it	drives
we	drive
you	drive
they	drive

Present Progressive

I	am	driving
you	are	driving
he/she/it	is	driving
we	are	driving
you	are	driving
they	are	driving

Future I

I	will	drive
you	will	drive
he/she/it	will	drive
we	will	drive
you	will	drive
they	will	drive

Simple Past

I	drove
you	drove
he/she/it	drove
we	drove
you	drove
they	drove

Past Progressive

I	was	driving
you	were	driving
he/she/it	was	driving
we	were	driving
you	were	driving
they	were	driving

Future I Progressive

I	will be driving
you	will be driving
he/she/it	will be driving
we	will be driving
you	will be driving
they	will be driving

Present Perfect

I	have	driven
you	have	driven
he/she/it	has	driven
we	have	driven
you	have	driven
they	have	driven

Present Perfect Progressive

I	have	been driving
you	have	been driving
he/she/it	has	been driving
we	have	been driving
you	have	been driving
they	have	been driving

Future II

I	will have driven
you	will have driven
he/she/it	will have driven
we	will have driven
you	will have driven
they	will have driven

Past Perfect

I	had	driven
you	had	driven
he/she/it	had	driven
we	had	driven
you	had	driven
they	had	driven

Past Perfect Progressive

I	had	been driving
you	had	been driving
he/she/it	had	been driving
we	had	been driving
you	had	been driving
they	had	been driving

Future II Progressive

I	will have been driving
you	will have been driving
he/she/it	will have been driving
we	will have been driving
you	will have been driving
they	will have been driving

Imperative

drive

Gerund

driving

Past Participle

driven

Conditional II

I	would drive
you	would drive
he/she/it	would drive
we	would drive
you	would drive
they	would drive

Conditional Past

I	would have	driven
you	would have	driven
he/she/it	would have	driven
we	would have	driven
you	would have	driven
they	would have	driven

eat - ate - eaten

essen

Simple Present

I	eat
you	eat
he/she/it	eats
we	eat
you	eat
they	eat

Present Progressive

I	am	eating
you	are	eating
he/she/it	is	eating
we	are	eating
you	are	eating
they	are	eating

Future I

I	will	eat
you	will	eat
he/she/it	will	eat
we	will	eat
you	will	eat
they	will	eat

Simple Past

I	ate
you	ate
he/she/it	ate
we	ate
you	ate
they	ate

Past Progressive

I	was	eating
you	were	eating
he/she/it	was	eating
we	were	eating
you	were	eating
they	were	eating

Future I Progressive

I	will be eating
you	will be eating
he/she/it	will be eating
we	will be eating
you	will be eating
they	will be eating

Present Perfect

I	have	eaten
you	have	eaten
he/she/it	has	eaten
we	have	eaten
you	have	eaten
they	have	eaten

Present Perfect Progressive

I	have	been	eating
you	have	been	eating
he/she/it	has	been	eating
we	have	been	eating
you	have	been	eating
they	have	been	eating

Future II

I	will have eaten
you	will have eaten
he/she/it	will have eaten
we	will have eaten
you	will have eaten
they	will have eaten

Past Perfect

I	had	eaten
you	had	eaten
he/she/it	had	eaten
we	had	eaten
you	had	eaten
they	had	eaten

Past Perfect Progressive

I	had	been eating
you	had	been eating
he/she/it	had	been eating
we	had	been eating
you	had	been eating
they	had	been eating

Future II Progressive

I	will have been eating
you	will have been eating
he/she/it	will have been eating
we	will have been eating
you	will have been eating
they	will have been eating

Imperative

eat

Gerund

eating

Past Participle

eaten

Conditional II

I	would eat
you	would eat
he/she/it	would eat
we	would eat
you	would eat
they	would eat

Conditional Past

I	would have	eaten
you	would have	eaten
he/she/it	would have	eaten
we	would have	eaten
you	would have	eaten
they	would have	eaten

Simple Present

I	enjoy
you	enjoy
he/she/it	enjoys
we	enjoy
you	enjoy
they	enjoy

Present Progressive

I	am	enjoying
you	are	enjoying
he/she/it	is	enjoying
we	are	enjoying
you	are	enjoying
they	are	enjoying

Future I

I	will	enjoy
you	will	enjoy
he/she/it	will	enjoy
we	will	enjoy
you	will	enjoy
they	will	enjoy

Simple Past

I	enjoyed
you	enjoyed
he/she/it	enjoyed
we	enjoyed
you	enjoyed
they	enjoyed

Past Progressive

I	was	enjoying
you	were	enjoying
he/she/it	was	enjoying
we	were	enjoying
you	were	enjoying
they	were	enjoying

Future I Progressive

I	will be enjoying
you	will be enjoying
he/she/it	will be enjoying
we	will be enjoying
you	will be enjoying
they	will be enjoying

Present Perfect

I	have	enjoyed
you	have	enjoyed
he/she/it	has	enjoyed
we	have	enjoyed
you	have	enjoyed
they	have	enjoyed

Present Perfect Progressive

I	have	been enjoying
you	have	been enjoying
he/she/it	has	been enjoying
we	have	been enjoying
you	have	been enjoying
they	have	been enjoying

Future II

I	will have enjoyed
you	will have enjoyed
he/she/it	will have enjoyed
we	will have enjoyed
you	will have enjoyed
they	will have enjoyed

Past Perfect

I	had	enjoyed
you	had	enjoyed
he/she/it	had	enjoyed
we	had	enjoyed
you	had	enjoyed
they	had	enjoyed

Past Perfect Progressive

I	had	been enjoying
you	had	been enjoying
he/she/it	had	been enjoying
we	had	been enjoying
you	had	been enjoying
they	had	been enjoying

Future II Progressive

I	will have been enjoying
you	will have been enjoying
he/she/it	will have been enjoying
we	will have been enjoying
you	will have been enjoying
they	will have been enjoying

Imperative

enjoy

Gerund

enjoying

Past Participle

enjoyed

Conditional II

I	would enjoy
you	would enjoy
he/she/it	would enjoy
we	would enjoy
you	would enjoy
they	would enjoy

Conditional Past

I	would have enjoyed
you	would have enjoyed
he/she/it	would have enjoyed
we	would have enjoyed
you	would have enjoyed
they	would have enjoyed

fall – fell – fallen

fallen / stürzen

Simple Present

I	fall
you	fall
he/she/it	falls
we	fall
you	fall
they	fall

Present Progressive

I	am	falling
you	are	falling
he/she/it	is	falling
we	are	falling
you	are	falling
they	are	falling

Future I

I	will	fall
you	will	fall
he/she/it	will	fall
we	will	fall
you	will	fall
they	will	fall

Simple Past

I	fell
you	fell
he/she/it	fell
we	fell
you	fell
they	fell

Past Progressive

I	was	falling
you	were	falling
he/she/it	was	falling
we	were	falling
you	were	falling
they	were	falling

Future I Progressive

I	will be falling
you	will be falling
he/she/it	will be falling
we	will be falling
you	will be falling
they	will be falling

Present Perfect

I	have	fallen
you	have	fallen
he/she/it	has	fallen
we	have	fallen
you	have	fallen
they	have	fallen

Present Perfect Progressive

I	have	been	falling
you	have	been	falling
he/she/it	has	been	falling
we	have	been	falling
you	have	been	falling
they	have	been	falling

Future II

I	will have fallen
you	will have fallen
he/she/it	will have fallen
we	will have fallen
you	will have fallen
they	will have fallen

Past Perfect

I	had	fallen
you	had	fallen
he/she/it	had	fallen
we	had	fallen
you	had	fallen
they	had	fallen

Past Perfect Progressive

I	had	been falling
you	had	been falling
he/she/it	had	been falling
we	had	been falling
you	had	been falling
they	had	been falling

Future II Progressive

I	will have been falling
you	will have been falling
he/she/it	will have been falling
we	will have been falling
you	will have been falling
they	will have been falling

Imperative

fall

Gerund

falling

Past Participle

fallen

Conditional II

I	would fall
you	would fall
he/she/it	would fall
we	would fall
you	would fall
they	would fall

Conditional Past

I	would have	fallen
you	would have	fallen
he/she/it	would have	fallen
we	would have	fallen
you	would have	fallen
they	would have	fallen

feel - felt - felt 31

fühlen

Simple Present

I	feel
you	feel
he/she/it	feels
we	feel
you	feel
they	feel

Present Progressive

I	am	feeling
you	are	feeling
he/she/it	is	feeling
we	are	feeling
you	are	feeling
they	are	feeling

Future I

I	will	feel
you	will	feel
he/she/it	will	feel
we	will	feel
you	will	feel
they	will	feel

Simple Past

I	felt
you	felt
he/she/it	felt
we	felt
you	felt
they	felt

Past Progressive

I	was	feeling
you	were	feeling
he/she/it	was	feeling
we	were	feeling
you	were	feeling
they	were	feeling

Future I Progressive

I	will be feeling
you	will be feeling
he/she/it	will be feeling
we	will be feeling
you	will be feeling
they	will be feeling

Present Perfect

I	have	felt
you	have	felt
he/she/it	has	felt
we	have	felt
you	have	felt
they	have	felt

Present Perfect Progressive

I	have	been feeling
you	have	been feeling
he/she/it	has	been feeling
we	have	been feeling
you	have	been feeling
they	have	been feeling

Future II

I	will have felt
you	will have felt
he/she/it	will have felt
we	will have felt
you	will have felt
they	will have felt

Past Perfect

I	had	felt
you	had	felt
he/she/it	had	felt
we	had	felt
you	had	felt
they	had	felt

Past Perfect Progressive

I	had	been feeling
you	had	been feeling
he/she/it	had	been feeling
we	had	been feeling
you	had	been feeling
they	had	been feeling

Future II Progressive

I	will have been feeling
you	will have been feeling
he/she/it	will have been feeling
we	will have been feeling
you	will have been feeling
they	will have been feeling

Imperative

feel

Gerund

feeling

Past Participle

felt

Conditional II

I	would feel
you	would feel
he/she/it	would feel
we	would feel
you	would feel
they	would feel

Conditional Past

I	would have	felt
you	would have	felt
he/she/it	would have	felt
we	would have	felt
you	would have	felt
they	would have	felt

Simple Present

I	find
you	find
he/she/it	finds
we	find
you	find
they	find

Present Progressive

I	am	finding
you	are	finding
he/she/it	is	finding
we	are	finding
you	are	finding
they	are	finding

Future I

I	will	find
you	will	find
he/she/it	will	find
we	will	find
you	will	find
they	will	find

Simple Past

I	found
you	found
he/she/it	found
we	found
you	found
they	found

Past Progressive

I	was	finding
you	were	finding
he/she/it	was	finding
we	were	finding
you	were	finding
they	were	finding

Future I Progressive

I	will be finding
you	will be finding
he/she/it	will be finding
we	will be finding
you	will be finding
they	will be finding

Present Perfect

I	have	found
you	have	found
he/she/it	has	found
we	have	found
you	have	found
they	have	found

Present Perfect Progressive

I	have	been finding
you	have	been finding
he/she/it	has	been finding
we	have	been finding
you	have	been finding
they	have	been finding

Future II

I	will have found
you	will have found
he/she/it	will have found
we	will have found
you	will have found
they	will have found

Past Perfect

I	had	found
you	had	found
he/she/it	had	found
we	had	found
you	had	found
they	had	found

Past Perfect Progressive

I	had	been finding
you	had	been finding
he/she/it	had	been finding
we	had	been finding
you	had	been finding
they	had	been finding

Future II Progressive

I	will have been finding
you	will have been finding
he/she/it	will have been finding
we	will have been finding
you	will have been finding
they	will have been finding

Imperative

find

Gerund

finding

Past Participle

found

Conditional II

I	would find
you	would find
he/she/it	would find
we	would find
you	would find
they	would find

Conditional Past

I	would have found
you	would have found
he/she/it	would have found
we	would have found
you	would have found
they	would have found

Simple Present

I	fly
you	fly
he/she/it	flies
we	fly
you	fly
they	fly

Present Progressive

I	am	flying
you	are	flying
he/she/it	is	flying
we	are	flying
you	are	flying
they	are	flying

Future I

I	will	fly
you	will	fly
he/she/it	will	fly
we	will	fly
you	will	fly
they	will	fly

Simple Past

I	flew
you	flew
he/she/it	flew
we	flew
you	flew
they	flew

Past Progressive

I	was	flying
you	were	flying
he/she/it	was	flying
we	were	flying
you	were	flying
they	were	flying

Future I Progressive

I	will be flying
you	will be flying
he/she/it	will be flying
we	will be flying
you	will be flying
they	will be flying

Present Perfect

I	have	flown
you	have	flown
he/she/it	has	flown
we	have	flown
you	have	flown
they	have	flown

Present Perfect Progressive

I	have	been	flying
you	have	been	flying
he/she/it	has	been	flying
we	have	been	flying
you	have	been	flying
they	have	been	flying

Future II

I	will have flown
you	will have flown
he/she/it	will have flown
we	will have flown
you	will have flown
they	will have flown

Past Perfect

I	had	flown
you	had	flown
he/she/it	had	flown
we	had	flown
you	had	flown
they	had	flown

Past Perfect Progressive

I	had	been flying
you	had	been flying
he/she/it	had	been flying
we	had	been flying
you	had	been flying
they	had	been flying

Future II Progressive

I	will have been flying
you	will have been flying
he/she/it	will have been flying
we	will have been flying
you	will have been flying
they	will have been flying

Imperative

fly

Gerund

flying

Past Participle

flown

Conditional II

I	would fly
you	would fly
he/she/it	would fly
we	would fly
you	would fly
they	would fly

Conditional Past

I	would have	flown
you	would have	flown
he/she/it	would have	flown
we	would have	flown
you	would have	flown
they	would have	flown

Simple Present

I	forget
you	forget
he/she/it	forgets
we	forget
you	forget
they	forget

Present Progressive

I	am	forgetting
you	are	forgetting
he/she/it	is	forgetting
we	are	forgetting
you	are	forgetting
they	are	forgetting

Future I

I	will	forget
you	will	forget
he/she/it	will	forget
we	will	forget
you	will	forget
they	will	forget

Simple Past

I	forgot
you	forgot
he/she/it	forgot
we	forgot
you	forgot
they	forgot

Past Progressive

I	was	forgetting
you	were	forgetting
he/she/it	was	forgetting
we	were	forgetting
you	were	forgetting
they	were	forgetting

Future I Progressive

I	will be forgetting
you	will be forgetting
he/she/it	will be forgetting
we	will be forgetting
you	will be forgetting
they	will be forgetting

Present Perfect

I	have	forgotten
you	have	forgotten
he/she/it	has	forgotten
we	have	forgotten
you	have	forgotten
they	have	forgotten

Present Perfect Progressive

I	have	been	forgetting
you	have	been	forgetting
he/she/it	has	been	forgetting
we	have	been	forgetting
you	have	been	forgetting
they	have	been	forgetting

Future II

I	will have forgotten
you	will have forgotten
he/she/it	will have forgotten
we	will have forgotten
you	will have forgotten
they	will have forgotten

Past Perfect

I	had	forgotten
you	had	forgotten
he/she/it	had	forgotten
we	had	forgotten
you	had	forgotten
they	had	forgotten

Past Perfect Progressive

I	had	been forgetting
you	had	been forgetting
he/she/it	had	been forgetting
we	had	been forgetting
you	had	been forgetting
they	had	been forgetting

Future II Progressive

I	will have been forgetting
you	will have been forgetting
he/she/it	will have been forgetting
we	will have been forgetting
you	will have been forgetting
they	will have been forgetting

Imperative

forget

Gerund

forgetting

Past Participle

forgotten

Conditional II

I	would forget
you	would forget
he/she/it	would forget
we	would forget
you	would forget
they	would forget

Conditional Past

I	would have	forgotten
you	would have	forgotten
he/she/it	would have	forgotten
we	would have	forgotten
you	would have	forgotten
they	would have	forgotten

Simple Present

I	get
you	get
he/she/it	gets
we	get
you	get
they	get

Present Progressive

I	am	getting
you	are	getting
he/she/it	is	getting
we	are	getting
you	are	getting
they	are	getting

Future I

I	will	get
you	will	get
he/she/it	will	get
we	will	get
you	will	get
they	will	get

Simple Past

I	got
you	got
he/she/it	got
we	got
you	got
they	got

Past Progressive

I	was	getting
you	were	getting
he/she/it	was	getting
we	were	getting
you	were	getting
they	were	getting

Future I Progressive

I	will be getting
you	will be getting
he/she/it	will be getting
we	will be getting
you	will be getting
they	will be getting

Present Perfect

I	have	got
you	have	got
he/she/it	has	got
we	have	got
you	have	got
they	have	got

Present Perfect Progressive

I	have	been	getting
you	have	been	getting
he/she/it	has	been	getting
we	have	been	getting
you	have	been	getting
they	have	been	getting

Future II

I	will have got
you	will have got
he/she/it	will have got
we	will have got
you	will have got
they	will have got

Past Perfect

I	had	got
you	had	got
he/she/it	had	got
we	had	got
you	had	got
they	had	got

Past Perfect Progressive

I	had	been getting
you	had	been getting
he/she/it	had	been getting
we	had	been getting
you	had	been getting
they	had	been getting

Future II Progressive

I	will have been getting
you	will have been getting
he/she/it	will have been getting
we	will have been getting
you	will have been getting
they	will have been getting

Imperative

get

Gerund

getting

Past Participle

got/gotten

Conditional II

I	would	get
you	would	get
he/she/it	would	get
we	would	get
you	would	get
they	would	get

Conditional Past

I	would have	got
you	would have	got
he/she/it	would have	got
we	would have	got
you	would have	got
they	would have	got

give - gave - given

geben

Unregelmäßiges Verb

Achtung! In der ***-ing-*** Form entfällt das Endungs-e.

Simple Present

I	give
you	give
he/she/it	gives
we	give
you	give
they	give

Simple Past

I	gave
you	gave
he/she/it	gave
we	gave
you	gave
they	gave

Present Perfect

I	have	given
you	have	given
he/she/it	has	given
we	have	given
you	have	given
they	have	given

Past Perfect

I	had	given
you	had	given
he/she/it	had	given
we	had	given
you	had	given
they	had	given

Present Progressive

I	am	giving
you	are	giving
he/she/it	is	giving
we	are	giving
you	are	giving
they	are	giving

Past Progressive

I	was	giving
you	were	giving
he/she/it	was	giving
we	were	giving
you	were	giving
they	were	giving

Present Perfect Progressive

I	have	been	giving
you	have	been	giving
he/she/it	has	been	giving
we	have	been	giving
you	have	been	giving
they	have	been	giving

Past Perfect Progressive

I	had	been	giving
you	had	been	giving
he/she/it	had	been	giving
we	had	been	giving
you	had	been	giving
they	had	been	giving

Future I

I	will	give
you	will	give
he/she/it	will	give
we	will	give
you	will	give
they	will	give

Future I Progressive

I	will be giving
you	will be giving
he/she/it	will be giving
we	will be giving
you	will be giving
they	will be giving

Future II

I	will have given
you	will have given
he/she/it	will have given
we	will have given
you	will have given
they	will have given

Future II Progressive

I	will have been giving
you	will have been giving
he/she/it	will have been giving
we	will have been giving
you	will have been giving
they	will have been giving

Imperative

give

Gerund

giving

Past Participle

given

Conditional II

I	would give
you	would give
he/she/it	would give
we	would give
you	would give
they	would give

Conditional Past

I	would have	given
you	would have	given
he/she/it	would have	given
we	would have	given
you	would have	given
they	would have	given

Achtung in der 3. Person Singular im *Simple Present!*
Hier musst Du ein **-es** anhängen.

go – went – gone 37
gehen

Simple Present

I	go
you	go
he/she/it	goes
we	go
you	go
they	go

Present Progressive

I	am	going
you	are	going
he/she/it	is	going
we	are	going
you	are	going
they	are	going

Future I

I	will	go
you	will	go
he/she/it	will	go
we	will	go
you	will	go
they	will	go

Simple Past

I	went
you	went
he/she/it	went
we	went
you	went
they	went

Past Progressive

I	was	going
you	were	going
he/she/it	was	going
we	were	going
you	were	going
they	were	going

Future I Progressive

I	will be going
you	will be going
he/she/it	will be going
we	will be going
you	will be going
they	will be going

Present Perfect

I	have	gone
you	have	gone
he/she/it	has	gone
we	have	gone
you	have	gone
they	have	gone

Present Perfect Progressive

I	have	been	going
you	have	been	going
he/she/it	has	been	going
we	have	been	going
you	have	been	going
they	have	been	going

Future II

I	will have gone
you	will have gone
he/she/it	will have gone
we	will have gone
you	will have gone
they	will have gone

Past Perfect

I	had	gone
you	had	gone
he/she/it	had	gone
we	had	gone
you	had	gone
they	had	gone

Past Perfect Progressive

I	had	been going
you	had	been going
he/she/it	had	been going
we	had	been going
you	had	been going
they	had	been going

Future II Progressive

I	will have been going
you	will have been going
he/she/it	will have been going
we	will have been going
you	will have been going
they	will have been going

Imperative

go

Gerund

going

Past Participle

gone

Conditional II

I	would go
you	would go
he/she/it	would go
we	would go
you	would go
they	would go

Conditional Past

I	would have	gone
you	would have	gone
he/she/it	would have	gone
we	would have	gone
you	would have	gone
they	would have	gone

38 have – had – had

haben

Unregelmäßiges Verb
Voll- und Hilfsverb

Achtung! In der ***-ing-*** Form entfällt das Endungs-e.

Simple Present

I	have
you	have
he/she/it	has
we	have
you	have
they	have

Present Progressive

I	am	having
you	are	having
he/she/it	is	having
we	are	having
you	are	having
they	are	having

Future I

I	will	have
you	will	have
he/she/it	will	have
we	will	have
you	will	have
they	will	have

Simple Past

I	had
you	had
he/she/it	had
we	had
you	had
they	had

Past Progressive

I	was	having
you	were	having
he/she/it	was	having
we	were	having
you	were	having
they	were	having

Future I Progressive

I	will be having
you	will be having
he/she/it	will be having
we	will be having
you	will be having
they	will be having

Present Perfect

I	have	had
you	have	had
he/she/it	has	had
we	have	had
you	have	had
they	have	had

Present Perfect Progressive

I	have	been	having
you	have	been	having
he/she/it	has	been	having
we	have	been	having
you	have	been	having
they	have	been	having

Future II

I	will have had
you	will have had
he/she/it	will have had
we	will have had
you	will have had
they	will have had

Past Perfect

I	had	had
you	had	had
he/she/it	had	had
we	had	had
you	had	had
they	had	had

Past Perfect Progressive

I	had	been	having
you	had	been	having
he/she/it	had	been	having
we	had	been	having
you	had	been	having
they	had	been	having

Future II Progressive

I	will have been having
you	will have been having
he/she/it	will have been having
we	will have been having
you	will have been having
they	will have been having

Imperative

have

Gerund

having

Past Participle

had

Conditional II

I	would have
you	would have
he/she/it	would have
we	would have
you	would have
they	would have

Conditional Past

I	would have	had
you	would have	had
he/she/it	would have	had
we	would have	had
you	would have	had
they	would have	had

hear - heard - heard 39
hören

Simple Present

I	hear
you	hear
he/she/it	hears
we	hear
you	hear
they	hear

Simple Past

I	heard
you	heard
he/she/it	heard
we	heard
you	heard
they	heard

Present Perfect

I	have heard
you	have heard
he/she/it	has heard
we	have heard
you	have heard
they	have heard

Past Perfect

I	had heard
you	had heard
he/she/it	had heard
we	had heard
you	had heard
they	had heard

Present Progressive

I	am hearing
you	are hearing
he/she/it	is hearing
we	are hearing
you	are hearing
they	are hearing

Past Progressive

I	was hearing
you	were hearing
he/she/it	was hearing
we	were hearing
you	were hearing
they	were hearing

Present Perfect Progressive

I	have been hearing
you	have been hearing
he/she/it	has been hearing
we	have been hearing
you	have been hearing
they	have been hearing

Past Perfect Progressive

I	had been hearing
you	had been hearing
he/she/it	had been hearing
we	had been hearing
you	had been hearing
they	had been hearing

Future I

I	will hear
you	will hear
he/she/it	will hear
we	will hear
you	will hear
they	will hear

Future I Progressive

I	will be hearing
you	will be hearing
he/she/it	will be hearing
we	will be hearing
you	will be hearing
they	will be hearing

Future II

I	will have heard
you	will have heard
he/she/it	will have heard
we	will have heard
you	will have heard
they	will have heard

Future II Progressive

I	will have been hearing
you	will have been hearing
he/she/it	will have been hearing
we	will have been hearing
you	will have been hearing
they	will have been hearing

Imperative

hear

Gerund

hearing

Past Participle

heard

Conditional II

I	would hear
you	would hear
he/she/it	would hear
we	would hear
you	would hear
they	would hear

Conditional Past

I	would have heard
you	would have heard
he/she/it	would have heard
we	would have heard
you	would have heard
they	would have heard

Simple Present

I	help
you	help
he/she/it	helps
we	help
you	help
they	help

Simple Past

I	helped
you	helped
he/she/it	helped
we	helped
you	helped
they	helped

Present Perfect

I	have	helped
you	have	helped
he/she/it	has	helped
we	have	helped
you	have	helped
they	have	helped

Past Perfect

I	had	helped
you	had	helped
he/she/it	had	helped
we	had	helped
you	had	helped
they	had	helped

Present Progressive

I	am	helping
you	are	helping
he/she/it	is	helping
we	are	helping
you	are	helping
they	are	helping

Past Progressive

I	was	helping
you	were	helping
he/she/it	was	helping
we	were	helping
you	were	helping
they	were	helping

Present Perfect Progressive

I	have	been	helping
you	have	been	helping
he/she/it	has	been	helping
we	have	been	helping
you	have	been	helping
they	have	been	helping

Past Perfect Progressive

I	had	been	helping
you	had	been	helping
he/she/it	had	been	helping
we	had	been	helping
you	had	been	helping
they	had	been	helping

Future I

I	will	help
you	will	help
he/she/it	will	help
we	will	help
you	will	help
they	will	help

Future I Progressive

I	will be helping
you	will be helping
he/she/it	will be helping
we	will be helping
you	will be helping
they	will be helping

Future II

I	will have helped
you	will have helped
he/she/it	will have helped
we	will have helped
you	will have helped
they	will have helped

Future II Progressive

I	will have been helping
you	will have been helping
he/she/it	will have been helping
we	will have been helping
you	will have been helping
they	will have been helping

Imperative

help

Gerund

helping

Past Participle

helped

Conditional II

I	would help
you	would help
he/she/it	would help
we	would help
you	would help
they	would help

Conditional Past

I	would have	helped
you	would have	helped
he/she/it	would have	helped
we	would have	helped
you	would have	helped
they	would have	helped

Simple Present

I	hit
you	hit
he/she/it	hits
we	hit
you	hit
they	hit

Present Progressive

I	am	hitting
you	are	hitting
he/she/it	is	hitting
we	are	hitting
you	are	hitting
they	are	hitting

Future I

I	will	hit
you	will	hit
he/she/it	will	hit
we	will	hit
you	will	hit
they	will	hit

Simple Past

I	hit
you	hit
he/she/it	hit
we	hit
you	hit
they	hit

Past Progressive

I	was	hitting
you	were	hitting
he/she/it	was	hitting
we	were	hitting
you	were	hitting
they	were	hitting

Future I Progressive

I	will be hitting
you	will be hitting
he/she/it	will be hitting
we	will be hitting
you	will be hitting
they	will be hitting

Present Perfect

I	have	hit
you	have	hit
he/she/it	has	hit
we	have	hit
you	have	hit
they	have	hit

Present Perfect Progressive

I	have	been hitting
you	have	been hitting
he/she/it	has	been hitting
we	have	been hitting
you	have	been hitting
they	have	been hitting

Future II

I	will have hit
you	will have hit
he/she/it	will have hit
we	will have hit
you	will have hit
they	will have hit

Past Perfect

I	had	hit
you	had	hit
he/she/it	had	hit
we	had	hit
you	had	hit
they	had	hit

Past Perfect Progressive

I	had	been hitting
you	had	been hitting
he/she/it	had	been hitting
we	had	been hitting
you	had	been hitting
they	had	been hitting

Future II Progressive

I	will have been hitting
you	will have been hitting
he/she/it	will have been hitting
we	will have been hitting
you	will have been hitting
they	will have been hitting

Imperative

hit

Gerund

hitting

Past Participle

hit

Conditional II

I	would hit
you	would hit
he/she/it	would hit
we	would hit
you	would hit
they	would hit

Conditional Past

I	would have hit
you	would have hit
he/she/it	would have hit
we	would have hit
you	would have hit
they	would have hit

hurt - hurt - hurt

wehtun

Simple Present

I	hurt
you	hurt
he/she/it	hurts
we	hurt
you	hurt
they	hurt

Present Progressive

I	am	hurting
you	are	hurting
he/she/it	is	hurting
we	are	hurting
you	are	hurting
they	are	hurting

Future I

I	will	hurt
you	will	hurt
he/she/it	will	hurt
we	will	hurt
you	will	hurt
they	will	hurt

Simple Past

I	hurt
you	hurt
he/she/it	hurt
we	hurt
you	hurt
they	hurt

Past Progressive

I	was	hurting
you	were	hurting
he/she/it	was	hurting
we	were	hurting
you	were	hurting
they	were	hurting

Future I Progressive

I	will be hurting
you	will be hurting
he/she/it	will be hurting
we	will be hurting
you	will be hurting
they	will be hurting

Present Perfect

I	have	hurt
you	have	hurt
he/she/it	has	hurt
we	have	hurt
you	have	hurt
they	have	hurt

Present Perfect Progressive

I	have	been	hurting
you	have	been	hurting
he/she/it	has	been	hurting
we	have	been	hurting
you	have	been	hurting
they	have	been	hurting

Future II

I	will have hurt
you	will have hurt
he/she/it	will have hurt
we	will have hurt
you	will have hurt
they	will have hurt

Past Perfect

I	had	hurt
you	had	hurt
he/she/it	had	hurt
we	had	hurt
you	had	hurt
they	had	hurt

Past Perfect Progressive

I	had	been	hurting
you	had	been	hurting
he/she/it	had	been	hurting
we	had	been	hurting
you	had	been	hurting
they	had	been	hurting

Future II Progressive

I	will have been hurting
you	will have been hurting
he/she/it	will have been hurting
we	will have been hurting
you	will have been hurting
they	will have been hurting

Imperative

hurt

Gerund

hurting

Past Participle

hurt

Conditional II

I	would hurt
you	would hurt
he/she/it	would hurt
we	would hurt
you	would hurt
they	would hurt

Conditional Past

I	would have	hurt
you	would have	hurt
he/she/it	would have	hurt
we	would have	hurt
you	would have	hurt
they	would have	hurt

Achtung! In der ***-ing-*** Form entfällt das Endungs-e.
In der Partizip-Form hängst Du nur ***-d*** und nicht ***-ed*** an.

Simple Present

I	invite
you	invite
he/she/it	invites
we	invite
you	invite
they	invite

Present Progressive

I	am	inviting
you	are	inviting
he/she/it	is	inviting
we	are	inviting
you	are	inviting
they	are	inviting

Future I

I	will	invite
you	will	invite
he/she/it	will	invite
we	will	invite
you	will	invite
they	will	invite

Simple Past

I	invited
you	invited
he/she/it	invited
we	invited
you	invited
they	invited

Past Progressive

I	was	inviting
you	were	inviting
he/she/it	was	inviting
we	were	inviting
you	were	inviting
they	were	inviting

Future I Progressive

I	will be inviting
you	will be inviting
he/she/it	will be inviting
we	will be inviting
you	will be inviting
they	will be inviting

Present Perfect

I	have	invited
you	have	invited
he/she/it	has	invited
we	have	invited
you	have	invited
they	have	invited

Present Perfect Progressive

I	have	been	inviting
you	have	been	inviting
he/she/it	has	been	inviting
we	have	been	inviting
you	have	been	inviting
they	have	been	inviting

Future II

I	will have invited
you	will have invited
he/she/it	will have invited
we	will have invited
you	will have invited
they	will have invited

Past Perfect

I	had	invited
you	had	invited
he/she/it	had	invited
we	had	invited
you	had	invited
they	had	invited

Past Perfect Progressive

I	had	been	inviting
you	had	been	inviting
he/she/it	had	been	inviting
we	had	been	inviting
you	had	been	inviting
they	had	been	inviting

Future II Progressive

I	will have been inviting
you	will have been inviting
he/she/it	will have been inviting
we	will have been inviting
you	will have been inviting
they	will have been inviting

Imperative

invite

Gerund

inviting

Past Participle

invited

Conditional II

I	would invite
you	would invite
he/she/it	would invite
we	would invite
you	would invite
they	would invite

Conditional Past

I	would have	invited
you	would have	invited
he/she/it	would have	invited
we	would have	invited
you	would have	invited
they	would have	invited

know – knew – known

wissen / kennen

Unregelmäßiges Verb

Know hat keine Verlaufsform.

Simple Present

I	know
you	know
he/she/it	knows
we	know
you	know
they	know

Present Progressive

—

Future I

I	will	know
you	will	know
he/she/it	will	know
we	will	know
you	will	know
they	will	know

Simple Past

I	knew
you	knew
he/she/it	knew
we	knew
you	knew
they	knew

Past Progressive

—

Future I Progressive

—

Present Perfect

I	have	known
you	have	known
he/she/it	has	known
we	have	known
you	have	known
they	have	known

Present Perfect Progressive

—

Future II

I	will have known
you	will have known
he/she/it	will have known
we	will have known
you	will have known
they	will have known

Past Perfect

I	had	known
you	had	known
he/she/it	had	known
we	had	known
you	had	known
they	had	known

Past Perfect Progressive

—

Future II Progressive

—

Imperative

know

Gerund

knowing

Past Participle

known

Conditional II

I	would know
you	would know
he/she/it	would know
we	would know
you	would know
they	would know

Conditional Past

I	would have	known
you	would have	known
he/she/it	would have	known
we	would have	known
you	would have	known
they	would have	known

learn - learnt - learnt 45

lernen

Simple Present

I	learn
you	learn
he/she/it	learns
we	learn
you	learn
they	learn

Simple Past

I	learnt
you	learnt
he/she/it	learnt
we	learnt
you	learnt
they	learnt

Present Perfect

I	have	learnt
you	have	learnt
he/she/it	has	learnt
we	have	learnt
you	have	learnt
they	have	learnt

Past Perfect

I	had	learnt
you	had	learnt
he/she/it	had	learnt
we	had	learnt
you	had	learnt
they	had	learnt

Present Progressive

I	am	learning
you	are	learning
he/she/it	is	learning
we	are	learning
you	are	learning
they	are	learning

Past Progressive

I	was	learning
you	were	learning
he/she/it	was	learning
we	were	learning
you	were	learning
they	were	learning

Present Perfect Progressive

I	have	been	learning
you	have	been	learning
he/she/it	has	been	learning
we	have	been	learning
you	have	been	learning
they	have	been	learning

Past Perfect Progressive

I	had	been	learning
you	had	been	learning
he/she/it	had	been	learning
we	had	been	learning
you	had	been	learning
they	had	been	learning

Future I

I	will	learn
you	will	learn
he/she/it	will	learn
we	will	learn
you	will	learn
they	will	learn

Future I Progressive

I	will be learning
you	will be learning
he/she/it	will be learning
we	will be learning
you	will be learning
they	will be learning

Future II

I	will have learnt
you	will have learnt
he/she/it	will have learnt
we	will have learnt
you	will have learnt
they	will have learnt

Future II Progressive

I	will have been learning
you	will have been learning
he/she/it	will have been learning
we	will have been learning
you	will have been learning
they	will have been learning

Imperative

learn

Gerund

learning

Past Participle

learnt / learned

Conditional II

I	would learn
you	would learn
he/she/it	would learn
we	would learn
you	would learn
they	would learn

Conditional Past

I	would have learnt
you	would have learnt
he/she/it	would have learnt
we	would have learnt
you	would have learnt
they	would have learnt

leave - left - left

verlassen

Unregelmäßiges Verb

Achtung! In der ***-ing-*** Form entfällt das Endungs-e.

Simple Present

I	leave
you	leave
he/she/it	leaves
we	leave
you	leave
they	leave

Simple Past

I	left
you	left
he/she/it	left
we	left
you	left
they	left

Present Perfect

I	have	left
you	have	left
he/she/it	has	left
we	have	left
you	have	left
they	have	left

Past Perfect

I	had	left
you	had	left
he/she/it	had	left
we	had	left
you	had	left
they	had	left

Present Progressive

I	am	leaving
you	are	leaving
he/she/it	is	leaving
we	are	leaving
you	are	leaving
they	are	leaving

Past Progressive

I	was	leaving
you	were	leaving
he/she/it	was	leaving
we	were	leaving
you	were	leaving
they	were	leaving

Present Perfect Progressive

I	have	been	leaving
you	have	been	leaving
he/she/it	has	been	leaving
we	have	been	leaving
you	have	been	leaving
they	have	been	leaving

Past Perfect Progressive

I	had	been	leaving
you	had	been	leaving
he/she/it	had	been	leaving
we	had	been	leaving
you	had	been	leaving
they	had	been	leaving

Future I

I	will	leave
you	will	leave
he/she/it	will	leave
we	will	leave
you	will	leave
they	will	leave

Future I Progressive

I	will be leaving
you	will be leaving
he/she/it	will be leaving
we	will be leaving
you	will be leaving
they	will be leaving

Future II

I	will have left
you	will have left
he/she/it	will have left
we	will have left
you	will have left
they	will have left

Future II Progressive

I	will have been leaving
you	will have been leaving
he/she/it	will have been leaving
we	will have been leaving
you	will have been leaving
they	will have been leaving

Imperative

leave

Gerund

leaving

Past Participle

left

Conditional II

I	would leave
you	would leave
he/she/it	would leave
we	would leave
you	would leave
they	would leave

Conditional Past

I	would have	left
you	would have	left
he/she/it	would have	left
we	would have	left
you	would have	left
they	would have	left

lend - lent - lent 47

(aus)leihen

Simple Present

I	lend
you	lend
he/she/it	lends
we	lend
you	lend
they	lend

Present Progressive

I	am	lending
you	are	lending
he/she/it	is	lending
we	are	lending
you	are	lending
they	are	lending

Future I

I	will	lend
you	will	lend
he/she/it	will	lend
we	will	lend
you	will	lend
they	will	lend

Simple Past

I	lent
you	lent
he/she/it	lent
we	lent
you	lent
they	lent

Past Progressive

I	was	lending
you	were	lending
he/she/it	was	lending
we	were	lending
you	were	lending
they	were	lending

Future I Progressive

I	will be lending
you	will be lending
he/she/it	will be lending
we	will be lending
you	will be lending
they	will be lending

Present Perfect

I	have	lent
you	have	lent
he/she/it	has	lent
we	have	lent
you	have	lent
they	have	lent

Present Perfect Progressive

I	have	been lending
you	have	been lending
he/she/it	has	been lending
we	have	been lending
you	have	been lending
they	have	been lending

Future II

I	will have lent
you	will have lent
he/she/it	will have lent
we	will have lent
you	will have lent
they	will have lent

Past Perfect

I	had	lent
you	had	lent
he/she/it	had	lent
we	had	lent
you	had	lent
they	had	lent

Past Perfect Progressive

I	had	been lending
you	had	been lending
he/she/it	had	been lending
we	had	been lending
you	had	been lending
they	had	been lending

Future II Progressive

I	will have been lending
you	will have been lending
he/she/it	will have been lending
we	will have been lending
you	will have been lending
they	will have been lending

Imperative

lend

Gerund

lending

Past Participle

lent

Conditional II

I	would lend
you	would lend
he/she/it	would lend
we	would lend
you	would lend
they	would lend

Conditional Past

I	would have lent
you	would have lent
he/she/it	would have lent
we	would have lent
you	would have lent
they	would have lent

liegen

Simple Present

I	lie
you	lie
he/she/it	lies
we	lie
you	lie
they	lie

Simple Past

I	lay
you	lay
he/she/it	lay
we	lay
you	lay
they	lay

Present Perfect

I	have lain
you	have lain
he/she/it	has lain
we	have lain
you	have lain
they	have lain

Past Perfect

I	had lain
you	had lain
he/she/it	had lain
we	had lain
you	had lain
they	had lain

Present Progressive

I	am	lying
you	are	lying
he/she/it	is	lying
we	are	lying
you	are	lying
they	are	lying

Past Progressive

I	was	lying
you	were	lying
he/she/it	was	lying
we	were	lying
you	were	lying
they	were	lying

Present Perfect Progressive

I	have been	lying
you	have been	lying
he/she/it	has been	lying
we	have been	lying
you	have been	lying
they	have been	lying

Past Perfect Progressive

I	had been	lying
you	had been	lying
he/she/it	had been	lying
we	had been	lying
you	had been	lying
they	had been	lying

Future I

I	will	lie
you	will	lie
he/she/it	will	lie
we	will	lie
you	will	lie
they	will	lie

Future I Progressive

I	will	be lying
you	will	be lying
he/she/it	will	be lying
we	will	be lying
you	will	be lying
they	will	be lying

Future II

I	will have lain
you	will have lain
he/she/it	will have lain
we	will have lain
you	will have lain
they	will have lain

Future II Progressive

I	will have been lying
you	will have been lying
he/she/it	will have been lying
we	will have been lying
you	will have been lying
they	will have been lying

Imperative

lie

Gerund

lying

Past Participle

lain

Conditional II

I	would lie
you	would lie
he/she/it	would lie
we	would lie
you	would lie
they	would lie

Conditional Past

I	would have lain
you	would have lain
he/she/it	would have lain
we	would have lain
you	would have lain
they	would have lain

Simple Present

I	like
you	like
he/she/it	likes
we	like
you	like
they	like

Present Progressive

—

Future I

I	will	like
you	will	like
he/she/it	will	like
we	will	like
you	will	like
they	will	like

Simple Past

I	liked
you	liked
he/she/it	liked
we	liked
you	liked
they	liked

Past Progressive

—

Future I Progressive

—

Present Perfect

I	have	liked
you	have	liked
he/she/it	has	liked
we	have	liked
you	have	liked
they	have	liked

Present Perfect Progressive

—

Future II

I	will have liked
you	will have liked
he/she/it	will have liked
we	will have liked
you	will have liked
they	will have liked

Past Perfect

I	had	liked
you	had	liked
he/she/it	had	liked
we	had	liked
you	had	liked
they	had	liked

Past Perfect Progressive

—

Future II Progressive

—

Imperative

like

Gerund

liking

Past Participle

liked

Conditional II

I	would	like
you	would	like
he/she/it	would	like
we	would	like
you	would	like
they	would	like

Conditional Past

I	would have	liked
you	would have	liked
he/she/it	would have	liked
we	would have	liked
you	would have	liked
they	would have	liked

zuhören

Simple Present

I	listen
you	listen
he/she/it	listens
we	listen
you	listen
they	listen

Present Progressive

I	am	listening
you	are	listening
he/she/it	is	listening
we	are	listening
you	are	listening
they	are	listening

Future I

II	will	listen
you	will	listen
he/she/it	will	listen
we	will	listen
you	will	listen
they	will	listen

Simple Past

I	listened
you	listened
he/she/it	listened
we	listened
you	listened
they	listened

Past Progressive

I	was	listening
you	were	listening
he/she/it	was	listening
we	were	listening
you	were	listening
they	were	listening

Future I Progressive

I	will be listening
you	will be listening
he/she/it	will be listening
we	will be listening
you	will be listening
they	will be listening

Present Perfect

I	have	listened
you	have	listened
he/she/it	has	listened
we	have	listened
you	have	listened
they	have	listened

Present Perfect Progressive

I	have	been	listening
you	have	been	listening
he/she/it	has	been	listening
we	have	been	listening
you	have	been	listening
they	have	been	listening

Future II

I	will have listened
you	will have listened
he/she/it	will have listened
we	will have listened
you	will have listened
they	will have listened

Past Perfect

I	had	listened
you	had	listened
he/she/it	had	listened
we	had	listened
you	had	listened
they	had	listened

Past Perfect Progressive

I	had	been	listening
you	had	been	listening
he/she/it	had	been	listening
we	had	been	listening
you	had	been	listening
they	had	been	listening

Future II Progressive

I	will have been listening
you	will have been listening
he/she/it	will have been listening
we	will have been listening
you	will have been listening
they	will have been listening

Imperative

listen

Gerund

listening

Past Participle

listened

Conditional II

I	would listen
you	would listen
he/she/it	would listen
we	would listen
you	would listen
they	would listen

Conditional Past

I	would have	listened
you	would have	listened
he/she/it	would have	listened
we	would have	listened
you	would have	listened
they	would have	listened

Achtung! In der ***-ing-*** Form entfällt das Endungs-e.
In der Partizip-Form hängst Du nur ***-d*** und nicht ***-ed*** an.

live 51

leben / wohnen

Simple Present

I	live
you	live
he/she/it	lives
we	live
you	live
they	live

Simple Past

I	lived
you	lived
he/she/it	lived
we	lived
you	lived
they	lived

Present Perfect

I	have	lived
you	have	lived
he/she/it	has	lived
we	have	lived
you	have	lived
they	have	lived

Past Perfect

I	had	lived
you	had	lived
he/she/it	had	lived
we	had	lived
you	had	lived
they	had	lived

Present Progressive

I	am	living
you	are	living
he/she/it	is	living
we	are	living
you	are	living
they	are	living

Past Progressive

I	was	living
you	were	living
he/she/it	was	living
we	were	living
you	were	living
they	were	living

Present Perfect Progressive

I	have	been	living
you	have	been	living
he/she/it	has	been	living
we	have	been	living
you	have	been	living
they	have	been	living

Past Perfect Progressive

I	had	been	living
you	had	been	living
he/she/it	had	been	living
we	had	been	living
you	had	been	living
they	had	been	living

Future I

I	will	live
you	will	live
he/she/it	will	live
we	will	live
you	will	live
they	will	live

Future I Progressive

I	will be living
you	will be living
he/she/it	will be living
we	will be living
you	will be living
they	will be living

Future II

I	will have lived
you	will have lived
he/she/it	will have lived
we	will have lived
you	will have lived
they	will have lived

Future II Progressive

I	will have been living
you	will have been living
he/she/it	will have been living
we	will have been living
you	will have been living
they	will have been living

Imperative

live

Gerund

living

Past Participle

lived

Conditional II

I	would live
you	would live
he/she/it	would live
we	would live
you	would live
they	would live

Conditional Past

I	would have	lived
you	would have	lived
he/she/it	would have	lived
we	would have	lived
you	would have	lived
they	would have	lived

Simple Present

I	look
you	look
he/she/it	looks
we	look
you	look
they	look

Simple Past

I	looked
you	looked
he/she/it	looked
we	looked
you	looked
they	looked

Present Perfect

I	have	looked
you	have	looked
he/she/it	has	looked
we	have	looked
you	have	looked
they	have	looked

Past Perfect

I	had	looked
you	had	looked
he/she/it	had	looked
we	had	looked
you	had	looked
they	had	looked

Present Progressive

I	am	looking
you	are	looking
he/she/it	is	looking
we	are	looking
you	are	looking
they	are	looking

Past Progressive

I	was	looking
you	were	looking
he/she/it	was	looking
we	were	looking
you	were	looking
they	were	looking

Present Perfect Progressive

I	have	been looking
you	have	been looking
he/she/it	has	been looking
we	have	been looking
you	have	been looking
they	have	been looking

Past Perfect Progressive

I	had	been looking
you	had	been looking
he/she/it	had	been looking
we	had	been looking
you	had	been looking
they	had	been looking

Future I

I	will	look
you	will	look
he/she/it	will	look
we	will	look
you	will	look
they	will	look

Future I Progressive

I	will be looking
you	will be looking
he/she/it	will be looking
we	will be looking
you	will be looking
they	will be looking

Future II

I	will have looked
you	will have looked
he/she/it	will have looked
we	will have looked
you	will have looked
they	will have looked

Future II Progressive

I	will have been looking
you	will have been looking
he/she/it	will have been looking
we	will have been looking
you	will have been looking
they	will have been looking

Imperative

look

Gerund

looking

Past Participle

looked

Conditional II

I	would look
you	would look
he/she/it	would look
we	would look
you	would look
they	would look

Conditional Past

I	would have looked
you	would have looked
he/she/it	would have looked
we	would have looked
you	would have looked
they	would have looked

Achtung! In der ***-ing-*** Form entfällt das Endungs-e.

lose - lost - lost 53

verlieren

Simple Present

I	lose
you	lose
he/she/it	loses
we	lose
you	lose
they	lose

Simple Past

I	lost
you	lost
he/she/it	lost
we	lost
you	lost
they	lost

Present Perfect

I	have	lost
you	have	lost
he/she/it	has	lost
we	have	lost
you	have	lost
they	have	lost

Past Perfect

I	had	lost
you	had	lost
he/she/it	had	lost
we	had	lost
you	had	lost
they	had	lost

Present Progressive

I	am	losing
you	are	losing
he/she/it	is	losing
we	are	losing
you	are	losing
they	are	losing

Past Progressive

I	was	losing
you	were	losing
he/she/it	was	losing
we	were	losing
you	were	losing
they	were	losing

Present Perfect Progressive

I	have	been	losing
you	have	been	losing
he/she/it	has	been	losing
we	have	been	losing
you	have	been	losing
they	have	been	losing

Past Perfect Progressive

I	had	been	losing
you	had	been	losing
he/she/it	had	been	losing
we	had	been	losing
you	had	been	losing
they	had	been	losing

Future I

I	will	lose
you	will	lose
he/she/it	will	lose
we	will	lose
you	will	lose
they	will	lose

Future I Progressive

I	will be losing
you	will be losing
he/she/it	will be losing
we	will be losing
you	will be losing
they	will be losing

Future II

I	will have lost
you	will have lost
he/she/it	will have lost
we	will have lost
you	will have lost
they	will have lost

Future II Progressive

I	will have been losing
you	will have been losing
he/she/it	will have been losing
we	will have been losing
you	will have been losing
they	will have been losing

Imperative

lose

Gerund

losing

Past Participle

lost

Conditional II

I	would lose
you	would lose
he/she/it	would lose
we	would lose
you	would lose
they	would lose

Conditional Past

I	would have	lost
you	would have	lost
he/she/it	would have	lost
we	would have	lost
you	would have	lost
they	would have	lost

machen

Achtung! In der ***-ing-*** Form entfällt das Endungs-e.

Simple Present

I	make
you	make
he/she/it	makes
we	make
you	make
they	make

Present Progressive

I	am	making
you	are	making
he/she/it	is	making
we	are	making
you	are	making
they	are	making

Future I

I	will	make
you	will	make
he/she/it	will	make
we	will	make
you	will	make
they	will	make

Simple Past

I	made
you	made
he/she/it	made
we	made
you	made
they	made

Past Progressive

I	was	making
you	were	making
he/she/it	was	making
we	were	making
you	were	making
they	were	making

Future I Progressive

I	will be making
you	will be making
he/she/it	will be making
we	will be making
you	will be making
they	will be making

Present Perfect

I	have	made
you	have	made
he/she/it	has	made
we	have	made
you	have	made
they	have	made

Present Perfect Progressive

I	have	been	making
you	have	been	making
he/she/it	has	been	making
we	have	been	making
you	have	been	making
they	have	been	making

Future II

I	will have made
you	will have made
he/she/it	will have made
we	will have made
you	will have made
they	will have made

Past Perfect

I	had	made
you	had	made
he/she/it	had	made
we	had	made
you	had	made
they	had	made

Past Perfect Progressive

I	had	been making
you	had	been making
he/she/it	had	been making
we	had	been making
you	had	been making
they	had	been making

Future II Progressive

I	will have been making
you	will have been making
he/she/it	will have been making
we	will have been making
you	will have been making
they	will have been making

Imperative

make

Gerund

making

Past Participle

made

Conditional II

I	would make
you	would make
he/she/it	would make
we	would make
you	would make
they	would make

Conditional Past

I	would have	made
you	would have	made
he/she/it	would have	made
we	would have	made
you	would have	made
they	would have	made

Simple Present

I	meet
you	meet
he/she/it	meets
we	meet
you	meet
they	meet

Simple Past

I	met
you	met
he/she/it	met
we	met
you	met
they	met

Present Perfect

I	have met
you	have met
he/she/it	has met
we	have met
you	have met
they	have met

Past Perfect

I	had met
you	had met
he/she/it	had met
we	had met
you	had met
they	had met

Present Progressive

I	am meeting
you	are meeting
he/she/it	is meeting
we	are meeting
you	are meeting
they	are meeting

Past Progressive

I	was meeting
you	were meeting
he/she/it	was meeting
we	were meeting
you	were meeting
they	were meeting

Present Perfect Progressive

I	have been meeting
you	have been meeting
he/she/it	has been meeting
we	have been meeting
you	have been meeting
they	have been meeting

Past Perfect Progressive

I	had been meeting
you	had been meeting
he/she/it	had been meeting
we	had been meeting
you	had been meeting
they	had been meeting

Future I

I	will meet
you	will meet
he/she/it	will meet
we	will meet
you	will meet
they	will meet

Future I Progressive

I	will be meeting
you	will be meeting
he/she/it	will be meeting
we	will be meeting
you	will be meeting
they	will be meeting

Future II

I	will have met
you	will have met
he/she/it	will have met
we	will have met
you	will have met
they	will have met

Future II Progressive

I	will have been meeting
you	will have been meeting
he/she/it	will have been meeting
we	will have been meeting
you	will have been meeting
they	will have been meeting

Imperative

meet

Gerund

meeting

Past Participle

met

Conditional II

I	would meet
you	would meet
he/she/it	would meet
we	would meet
you	would meet
they	would meet

Conditional Past

I	would have met
you	would have met
he/she/it	would have met
we	would have met
you	would have met
they	would have met

must / have to

müssen / sollen

Unregelmäßig, Modalverb
Must kann nur in seiner Grundform gebraucht werden. Ansonsten wird *have to* benutzt. / *Have to* im *Present-* und *Past Progressive* wird meistens mit *always* verwendet und drückt ein negatives Empfinden aus.

Simple Present

I	must / have to
you	must / have to
he/she/it	must / has to
we	must / have to
you	must / have to
they	must / have to

Present Progressive

I	am	having to
you	are	having to
he/she/it	is	having to
we	are	having to
you	are	having to
they	are	having to

Future I

I	will	have to
you	will	have to
he/she/it	will	have to
we	will	have to
you	will	have to
they	will	have to

Simple Past

I	had to
you	had to
he/she/it	had to
we	had to
you	had to
they	had to

Past Progressive

I	was	having to
you	were	having to
he/she/it	was	having to
we	were	having to
you	were	having to
they	were	having to

Future I Progressive

I	will be having to
you	will be having to
he/she/it	will be having to
we	will be having to
you	will be having to
they	will be having to

Present Perfect

I	have	had to
you	have	had to
he/she/it	has	had to
we	have	had to
you	have	had to
they	have	had to

Present Perfect Progressive

I	have	been having to
you	have	been having to
he/she/it	has	been having to
we	have	been having to
you	have	been having to
they	have	been having to

Future II

I	will have had to
you	will have had to
he/she/it	will have had to
we	will have had to
you	will have had to
they	will have had to

Past Perfect

I	had	had to
you	had	had to
he/she/it	had	had to
we	had	had to
you	had	had to
they	had	had to

Past Perfect Progressive

I	had	been having to
you	had	been having to
he/she/it	had	been having to
we	had	been having to
you	had	been having to
they	had	been having to

Future II Progressive

I	will have been having to
you	will have been having to
he/she/it	will have been having to
we	will have been having to
you	will have been having to
they	will have been having to

Imperative

—

Gerund

having to

Past Participle

had to

Conditional II

I	would have to
you	would have to
he/she/it	would have to
we	would have to
you	would have to
they	would have to

Conditional Past

I	would have	had to
you	would have	had to
he/she/it	would have	had to
we	would have	had to
you	would have	had to
they	would have	had to

Simple Present

I	need
you	need
he/she/it	needs
we	need
you	need
they	need

Simple Past

I	needed
you	needed
he/she/it	needed
we	needed
you	needed
they	needed

Present Perfect

I	have	needed
you	have	needed
he/she/it	has	needed
we	have	needed
you	have	needed
they	have	needed

Past Perfect

I	had	needed
you	had	needed
he/she/it	had	needed
we	had	needed
you	had	needed
they	had	needed

Present Progressive

I	am	needing
you	are	needing
he/she/it	is	needing
we	are	needing
you	are	needing
they	are	needing

Past Progressive

I	was	needing
you	were	needing
he/she/it	was	needing
we	were	needing
you	were	needing
they	were	needing

Present Perfect Progressive

I	have	been needing
you	have	been needing
he/she/it	has	been needing
we	have	been needing
you	have	been needing
they	have	been needing

Past Perfect Progressive

I	had	been needing
you	had	been needing
he/she/it	had	been needing
we	had	been needing
you	had	been needing
they	had	been needing

Future I

I	will	need
you	will	need
he/she/it	will	need
we	will	need
you	will	need
they	will	need

Future I Progressive

I	will be needing
you	will be needing
he/she/it	will be needing
we	will be needing
you	will be needing
they	will be needing

Future II

I	will have needed
you	will have needed
he/she/it	will have needed
we	will have needed
you	will have needed
they	will have needed

Future II Progressive

I	will have been needing
you	will have been needing
he/she/it	will have been needing
we	will have been needing
you	will have been needing
they	will have been needing

Imperative

—

Gerund

needing

Past Participle

needed

Conditional II

I	would need
you	would need
he/she/it	would need
we	would need
you	would need
they	would need

Conditional Past

I	would have needed
you	would have needed
he/she/it	would have needed
we	would have needed
you	would have needed
they	would have needed

öffnen

Simple Present

I	open
you	open
he/she/it	opens
we	open
you	open
they	open

Simple Past

I	opened
you	opened
he/she/it	opened
we	opened
you	opened
they	opened

Present Perfect

I	have opened
you	have opened
he/she/it	has opened
we	have opened
you	have opened
they	have opened

Past Perfect

I	had opened
you	had opened
he/she/it	had opened
we	had opened
you	had opened
they	had opened

Present Progressive

I	am opening
you	are opening
he/she/it	is opening
we	are opening
you	are opening
they	are opening

Past Progressive

I	was opening
you	were opening
he/she/it	was opening
we	were opening
you	were opening
they	were opening

Present Perfect Progressive

I	have been opening
you	have been opening
he/she/it	has been opening
we	have been opening
you	have been opening
they	have been opening

Past Perfect Progressive

I	had been opening
you	had been opening
he/she/it	had been opening
we	had been opening
you	had been opening
they	had been opening

Future I

I	will open
you	will open
he/she/it	will open
we	will open
you	will open
they	will open

Future I Progressive

I	will be opening
you	will be opening
he/she/it	will be opening
we	will be opening
you	will be opening
they	will be opening

Future II

I	will have opened
you	will have opened
he/she/it	will have opened
we	will have opened
you	will have opened
they	will have opened

Future II Progressive

I	will have been opening
you	will have been opening
he/she/it	will have been opening
we	will have been opening
you	will have been opening
they	will have been opening

Imperative

open

Gerund

opening

Past Participle

opened

Conditional II

I	would open
you	would open
he/she/it	would open
we	would open
you	would open
they	would open

Conditional Past

I	would have opened
you	would have opened
he/she/it	would have opened
we	would have opened
you	would have opened
they	would have opened

Simple Present

I	pay
you	pay
he/she/it	pays
we	pay
you	pay
they	pay

Present Progressive

I	am	paying
you	are	paying
he/she/it	is	paying
we	are	paying
you	are	paying
they	are	paying

Future I

I	will	pay
you	will	pay
he/she/it	will	pay
we	will	pay
you	will	pay
they	will	pay

Simple Past

I	paid
you	paid
he/she/it	paid
we	paid
you	paid
they	paid

Past Progressive

I	was	paying
you	were	paying
he/she/it	was	paying
we	were	paying
you	were	paying
they	were	paying

Future I Progressive

I	will be paying
you	will be paying
he/she/it	will be paying
we	will be paying
you	will be paying
they	will be paying

Present Perfect

I	have	paid
you	have	paid
he/she/it	has	paid
we	have	paid
you	have	paid
they	have	paid

Present Perfect Progressive

I	have	been	paying
you	have	been	paying
he/she/it	has	been	paying
we	have	been	paying
you	have	been	paying
they	have	been	paying

Future II

I	will have paid
you	will have paid
he/she/it	will have paid
we	will have paid
you	will have paid
they	will have paid

Past Perfect

I	had	paid
you	had	paid
he/she/it	had	paid
we	had	paid
you	had	paid
they	had	paid

Past Perfect Progressive

I	had	been paying
you	had	been paying
he/she/it	had	been paying
we	had	been paying
you	had	been paying
they	had	been paying

Future II Progressive

I	will have been paying
you	will have been paying
he/she/it	will have been paying
we	will have been paying
you	will have been paying
they	will have been paying

Imperative

pay

Gerund

paying

Past Participle

paid

Conditional II

I	would pay
you	would pay
he/she/it	would pay
we	would pay
you	would pay
they	would pay

Conditional Past

I	would have	paid
you	would have	paid
he/she/it	would have	paid
we	would have	paid
you	would have	paid
they	would have	paid

Simple Present

I	play
you	play
he/she/it	plays
we	play
you	play
they	play

Present Progressive

I	am	playing
you	are	playing
he/she/it	is	playing
we	are	playing
you	are	playing
they	are	playing

Future I

I	will	play
you	will	play
he/she/it	will	play
we	will	play
you	will	play
they	will	play

Simple Past

I	played
you	played
he/she/it	played
we	played
you	played
they	played

Past Progressive

I	was	playing
you	were	playing
he/she/it	was	playing
we	were	playing
you	were	playing
they	were	playing

Future I Progressive

I	will be playing
you	will be playing
he/she/it	will be playing
we	will be playing
you	will be playing
they	will be playing

Present Perfect

I	have	played
you	have	played
he/she/it	has	played
we	have	played
you	have	played
they	have	played

Present Perfect Progressive

I	have	been	playing
you	have	been	playing
he/she/it	has	been	playing
we	have	been	playing
you	have	been	playing
they	have	been	playing

Future II

I	will have played
you	will have played
he/she/it	will have played
we	will have played
you	will have played
they	will have played

Past Perfect

I	had	played
you	had	played
he/she/it	had	played
we	had	played
you	had	played
they	had	played

Past Perfect Progressive

I	had	been	playing
you	had	been	playing
he/she/it	had	been	playing
we	had	been	playing
you	had	been	playing
they	had	been	playing

Future II Progressive

I	will have been playing
you	will have been playing
he/she/it	will have been playing
we	will have been playing
you	will have been playing
they	will have been playing

Imperative

play

Gerund

playing

Past Participle

played

Conditional II

I	would play
you	would play
he/she/it	would play
we	would play
you	would play
they	would play

Conditional Past

I	would have	played
you	would have	played
he/she/it	would have	played
we	would have	played
you	would have	played
they	would have	played

put – put – put 61

setzen / stellen / legen

Simple Present

I	put
you	put
he/she/it	puts
we	put
you	put
they	put

Present Progressive

I	am	putting
you	are	putting
he/she/it	is	putting
we	are	putting
you	are	putting
they	are	putting

Future I

I	will	put
you	will	put
he/she/it	will	put
we	will	put
you	will	put
they	will	put

Simple Past

I	put
you	put
he/she/it	put
we	put
you	put
they	put

Past Progressive

I	was	putting
you	were	putting
he/she/it	was	putting
we	were	putting
you	were	putting
they	were	putting

Future I Progressive

I	will be putting
you	will be putting
he/she/it	will be putting
we	will be putting
you	will be putting
they	will be putting

Present Perfect

I	have	put
you	have	put
he/she/it	has	put
we	have	put
you	have	put
they	have	put

Present Perfect Progressive

I	have	been	putting
you	have	been	putting
he/she/it	has	been	putting
we	have	been	putting
you	have	been	putting
they	have	been	putting

Future II

I	will have put
you	will have put
he/she/it	will have put
we	will have put
you	will have put
they	will have put

Past Perfect

I	had	put
you	had	put
he/she/it	had	put
we	had	put
you	had	put
they	had	put

Past Perfect Progressive

I	had	been putting
you	had	been putting
he/she/it	had	been putting
we	had	been putting
you	had	been putting
they	had	been putting

Future II Progressive

I	will have been putting
you	will have been putting
he/she/it	will have been putting
we	will have been putting
you	will have been putting
they	will have been putting

Imperative

put

Gerund

putting

Past Participle

put

Conditional II

I	would put
you	would put
he/she/it	would put
we	would put
you	would put
they	would put

Conditional Past

I	would have	put
you	would have	put
he/she/it	would have	put
we	would have	put
you	would have	put
they	would have	put

read – read – read

lesen

Unregelmäßiges Verb

Die *Simple Past*-Form und das Partizip Perfekt werden wie die Farbe rot – *red* ausgesprochen [red].

Simple Present

I	read
you	read
he/she/it	reads
we	read
you	read
they	read

Present Progressive

I	am	reading
you	are	reading
he/she/it	is	reading
we	are	reading
you	are	reading
they	are	reading

Future I

I	will	read
you	will	read
he/she/it	will	read
we	will	read
you	will	read
they	will	read

Simple Past

I	read
you	read
he/she/it	read
we	read
you	read
they	read

Past Progressive

I	was	reading
you	were	reading
he/she/it	was	reading
we	were	reading
you	were	reading
they	were	reading

Future I Progressive

I	will be reading
you	will be reading
he/she/it	will be reading
we	will be reading
you	will be reading
they	will be reading

Present Perfect

I	have	read
you	have	read
he/she/it	has	read
we	have	read
you	have	read
they	have	read

Present Perfect Progressive

I	have	been	reading
you	have	been	reading
he/she/it	has	been	reading
we	have	been	reading
you	have	been	reading
they	have	been	reading

Future II

I	will have read
you	will have read
he/she/it	will have read
we	will have read
you	will have read
they	will have read

Past Perfect

I	had	read
you	had	read
he/she/it	had	read
we	had	read
you	had	read
they	had	read

Past Perfect Progressive

I	had	been reading
you	had	been reading
he/she/it	had	been reading
we	had	been reading
you	had	been reading
they	had	been reading

Future II Progressive

I	will have been reading
you	will have been reading
he/she/it	will have been reading
we	will have been reading
you	will have been reading
they	will have been reading

Imperative

read

Gerund

reading

Past Participle

read

Conditional II

I	would read
you	would read
he/she/it	would read
we	would read
you	would read
they	would read

Conditional Past

I	would have	read
you	would have	read
he/she/it	would have	read
we	would have	read
you	would have	read
they	would have	read

run - ran - run 63
laufen / rennen

Simple Present

I	run
you	run
he/she/it	runs
we	run
you	run
they	run

Present Progressive

I	am	running
you	are	running
he/she/it	is	running
we	are	running
you	are	running
they	are	running

Future I

I	will	run
you	will	run
he/she/it	will	run
we	will	run
you	will	run
they	will	run

Simple Past

I	ran
you	ran
he/she/it	ran
we	ran
you	ran
they	ran

Past Progressive

I	was	running
you	were	running
he/she/it	was	running
we	were	running
you	were	running
they	were	running

Future I Progressive

I	will be running
you	will be running
he/she/it	will be running
we	will be running
you	will be running
they	will be running

Present Perfect

I	have	run
you	have	run
he/she/it	has	run
we	have	run
you	have	run
they	have	run

Present Perfect Progressive

I	have	been running
you	have	been running
he/she/it	has	been running
we	have	been running
you	have	been running
they	have	been running

Future II

I	will have run
you	will have run
he/she/it	will have run
we	will have run
you	will have run
they	will have run

Past Perfect

I	had	run
you	had	run
he/she/it	had	run
we	had	run
you	had	run
they	had	run

Past Perfect Progressive

I	had	been running
you	had	been running
he/she/it	had	been running
we	had	been running
you	had	been running
they	had	been running

Future II Progressive

I	will have been running
you	will have been running
he/she/it	will have been running
we	will have been running
you	will have been running
they	will have been running

Imperative

run

Gerund

running

Past Participle

run

Conditional II

I	would run
you	would run
he/she/it	would run
we	would run
you	would run
they	would run

Conditional Past

I	would have run
you	would have run
he/she/it	would have run
we	would have run
you	would have run
they	would have run

say - said - said

sagen

Unregelmäßiges Verb

Die Aussprache von *says* weicht von den restlichen Formen ab. Es wird [sez] ausgesprochen.

Simple Present

I	say
you	say
he/she/it	says
we	say
you	say
they	say

Present Progressive

I	am	saying
you	are	saying
he/she/it	is	saying
we	are	saying
you	are	saying
they	are	saying

Future I

I	will	say
you	will	say
he/she/it	will	say
we	will	say
you	will	say
they	will	say

Simple Past

I	said
you	said
he/she/it	said
we	said
you	said
they	said

Past Progressive

I	was	saying
you	were	saying
he/she/it	was	saying
we	were	saying
you	were	saying
they	were	saying

Future I Progressive

I	will be saying
you	will be saying
he/she/it	will be saying
we	will be saying
you	will be saying
they	will be saying

Present Perfect

I	have	said
you	have	said
he/she/it	has	said
we	have	said
you	have	said
they	have	said

Present Perfect Progressive

I	have	been saying
you	have	been saying
he/she/it	has	been saying
we	have	been saying
you	have	been saying
they	have	been saying

Future II

I	will have said
you	will have said
he/she/it	will have said
we	will have said
you	will have said
they	will have said

Past Perfect

I	had	said
you	had	said
he/she/it	had	said
we	had	said
you	had	said
they	had	said

Past Perfect Progressive

I	had	been saying
you	had	been saying
he/she/it	had	been saying
we	had	been saying
you	had	been saying
they	had	been saying

Future II Progressive

I	will have been saying
you	will have been saying
he/she/it	will have been saying
we	will have been saying
you	will have been saying
they	will have been saying

Imperative

say

Gerund

saying

Past Participle

said

Conditional II

I	would say
you	would say
he/she/it	would say
we	would say
you	would say
they	would say

Conditional Past

I	would have	said
you	would have	said
he/she/it	would have	said
we	would have	said
you	would have	said
they	would have	said

Simple Present

I	see
you	see
he/she/it	sees
we	see
you	see
they	see

Present Progressive

I	am	seeing
you	are	seeing
he/she/it	is	seeing
we	are	seeing
you	are	seeing
they	are	seeing

Future I

I	will	see
you	will	see
he/she/it	will	see
we	will	see
you	will	see
they	will	see

Simple Past

I	saw
you	saw
he/she/it	saw
we	saw
you	saw
they	saw

Past Progressive

I	was	seeing
you	were	seeing
he/she/it	was	seeing
we	were	seeing
you	were	seeing
they	were	seeing

Future I Progressive

I	will be seeing
you	will be seeing
he/she/it	will be seeing
we	will be seeing
you	will be seeing
they	will be seeing

Present Perfect

I	have	seen
you	have	seen
he/she/it	has	seen
we	have	seen
you	have	seen
they	have	seen

Present Perfect Progressive

I	have	been seeing
you	have	been seeing
he/she/it	has	been seeing
we	have	been seeing
you	have	been seeing
they	have	been seeing

Future II

I	will have seen
you	will have seen
he/she/it	will have seen
we	will have seen
you	will have seen
they	will have seen

Past Perfect

I	had	seen
you	had	seen
he/she/it	had	seen
we	had	seen
you	had	seen
they	had	seen

Past Perfect Progressive

I	had been seeing
you	had been seeing
he/she/it	had been seeing
we	had been seeing
you	had been seeing
they	had been seeing

Future II Progressive

I	will have been seeing
you	will have been seeing
he/she/it	will have been seeing
we	will have been seeing
you	will have been seeing
they	will have been seeing

Imperative

see

Gerund

seeing

Past Participle

seen

Conditional II

I	would see
you	would see
he/she/it	would see
we	would see
you	would see
they	would see

Conditional Past

I	would have seen
you	would have seen
he/she/it	would have seen
we	would have seen
you	would have seen
they	would have seen

sell - sold - sold

verkaufen

Simple Present

I	sell
you	sell
he/she/it	sells
we	sell
you	sell
they	sell

Present Progressive

I	am	selling
you	are	selling
he/she/it	is	selling
we	are	selling
you	are	selling
they	are	selling

Future I

I	will	sell
you	will	sell
he/she/it	will	sell
we	will	sell
you	will	sell
they	will	sell

Simple Past

I	sold
you	sold
he/she/it	sold
we	sold
you	sold
they	sold

Past Progressive

I	was	selling
you	were	selling
he/she/it	was	selling
we	were	selling
you	were	selling
they	were	selling

Future I Progressive

I	will be selling
you	will be selling
he/she/it	will be selling
we	will be selling
you	will be selling
they	will be selling

Present Perfect

I	have	sold
you	have	sold
he/she/it	has	sold
we	have	sold
you	have	sold
they	have	sold

Present Perfect Progressive

I	have	been	selling
you	have	been	selling
he/she/it	has	been	selling
we	have	been	selling
you	have	been	selling
they	have	been	selling

Future II

I	will have sold
you	will have sold
he/she/it	will have sold
we	will have sold
you	will have sold
they	will have sold

Past Perfect

I	had	sold
you	had	sold
he/she/it	had	sold
we	had	sold
you	had	sold
they	had	sold

Past Perfect Progressive

I	had	been selling
you	had	been selling
he/she/it	had	been selling
we	had	been selling
you	had	been selling
they	had	been selling

Future II Progressive

I	will have been selling
you	will have been selling
he/she/it	will have been selling
we	will have been selling
you	will have been selling
they	will have been selling

Imperative

sell

Gerund

selling

Past Participle

sold

Conditional II

I	would sell
you	would sell
he/she/it	would sell
we	would sell
you	would sell
they	would sell

Conditional Past

I	would have	sold
you	would have	sold
he/she/it	would have	sold
we	would have	sold
you	would have	sold
they	would have	sold

send - sent - sent 67

schicken

Simple Present

I	send
you	send
he/she/it	sends
we	send
you	send
they	send

Simple Past

I	sent
you	sent
he/she/it	sent
we	sent
you	sent
they	sent

Present Perfect

I	have	sent
you	have	sent
he/she/it	has	sent
we	have	sent
you	have	sent
they	have	sent

Past Perfect

I	had	sent
you	had	sent
he/she/it	had	sent
we	had	sent
you	had	sent
they	had	sent

Present Progressive

I	am	sending
you	are	sending
he/she/it	is	sending
we	are	sending
you	are	sending
they	are	sending

Past Progressive

I	was	sending
you	were	sending
he/she/it	was	sending
we	were	sending
you	were	sending
they	were	sending

Present Perfect Progressive

I	have	been	sending
you	have	been	sending
he/she/it	has	been	sending
we	have	been	sending
you	have	been	sending
they	have	been	sending

Past Perfect Progressive

I	had	been	sending
you	had	been	sending
he/she/it	had	been	sending
we	had	been	sending
you	had	been	sending
they	had	been	sending

Future I

I	will	send
you	will	send
he/she/it	will	send
we	will	send
you	will	send
they	will	send

Future I Progressive

I	will be sending
you	will be sending
he/she/it	will be sending
we	will be sending
you	will be sending
they	will be sending

Future II

I	will have sent
you	will have sent
he/she/it	will have sent
we	will have sent
you	will have sent
they	will have sent

Future II Progressive

I	will have been sending
you	will have been sending
he/she/it	will have been sending
we	will have been sending
you	will have been sending
they	will have been sending

Imperative

send

Gerund

sending

Past Participle

sent

Conditional II

I	would send
you	would send
he/she/it	would send
we	would send
you	would send
they	would send

Conditional Past

I	would have	sent
you	would have	sent
he/she/it	would have	sent
we	would have	sent
you	would have	sent
they	would have	sent

shut - shut - shut

schließen

Unregelmäßiges Verb

Konsonantenverdopplung

Simple Present

I	shut
you	shut
he/she/it	shuts
we	shut
you	shut
they	shut

Simple Past

I	shut
you	shut
he/she/it	shut
we	shut
you	shut
they	shut

Present Perfect

I	have shut
you	have shut
he/she/it	has shut
we	have shut
you	have shut
they	have shut

Past Perfect

I	had shut
you	had shut
he/she/it	had shut
we	had shut
you	had shut
they	had shut

Present Progressive

I	am shutting
you	are shutting
he/she/it	is shutting
we	are shutting
you	are shutting
they	are shutting

Past Progressive

I	was shutting
you	were shutting
he/she/it	was shutting
we	were shutting
you	were shutting
they	were shutting

Present Perfect Progressive

I	have been shutting
you	have been shutting
he/she/it	has been shutting
we	have been shutting
you	have been shutting
they	have been shutting

Past Perfect Progressive

I	had been shutting
you	had been shutting
he/she/it	had been shutting
we	had been shutting
you	had been shutting
they	had been shutting

Future I

I	will shut
you	will shut
he/she/it	will shut
we	will shut
you	will shut
they	will shut

Future I Progressive

I	will be shutting
you	will be shutting
he/she/it	will be shutting
we	will be shutting
you	will be shutting
they	will be shutting

Future II

I	will have shut
you	will have shut
he/she/it	will have shut
we	will have shut
you	will have shut
they	will have shut

Future II Progressive

I	will have been shutting
you	will have been shutting
he/she/it	will have been shutting
we	will have been shutting
you	will have been shutting
they	will have been shutting

Imperative

shut

Gerund

shutting

Past Participle

shut

Conditional II

I	would shut
you	would shut
he/she/it	would shut
we	would shut
you	would shut
they	would shut

Conditional Past

I	would have shut
you	would have shut
he/she/it	would have shut
we	would have shut
you	would have shut
they	would have shut

sit - sat - sat 69

sitzen

Simple Present

I	sit
you	sit
he/she/it	sits
we	sit
you	sit
they	sit

Present Progressive

I	am	sitting
you	are	sitting
he/she/it	is	sitting
we	are	sitting
you	are	sitting
they	are	sitting

Future I

I	will	sit
you	will	sit
he/she/it	will	sit
we	will	sit
you	will	sit
they	will	sit

Simple Past

I	sat
you	sat
he/she/it	sat
we	sat
you	sat
they	sat

Past Progressive

I	was	sitting
you	were	sitting
he/she/it	was	sitting
we	were	sitting
you	were	sitting
they	were	sitting

Future I Progressive

I	will be sitting
you	will be sitting
he/she/it	will be sitting
we	will be sitting
you	will be sitting
they	will be sitting

Present Perfect

I	have	sat
you	have	sat
he/she/it	has	sat
we	have	sat
you	have	sat
they	have	sat

Present Perfect Progressive

I	have	been sitting
you	have	been sitting
he/she/it	has	been sitting
we	have	been sitting
you	have	been sitting
they	have	been sitting

Future II

I	will have sat
you	will have sat
he/she/it	will have sat
we	will have sat
you	will have sat
they	will have sat

Past Perfect

I	had	sat
you	had	sat
he/she/it	had	sat
we	had	sat
you	had	sat
they	had	sat

Past Perfect Progressive

I	had	been sitting
you	had	been sitting
he/she/it	had	been sitting
we	had	been sitting
you	had	been sitting
they	had	been sitting

Future II Progressive

I	will have been sitting
you	will have been sitting
he/she/it	will have been sitting
we	will have been sitting
you	will have been sitting
they	will have been sitting

Imperative

sit

Gerund

sitting

Past Participle

sat

Conditional II

I	would sit
you	would sit
he/she/it	would sit
we	would sit
you	would sit
they	would sit

Conditional Past

I	would have	sat
you	would have	sat
he/she/it	would have	sat
we	would have	sat
you	would have	sat
they	would have	sat

sleep – slept – slept

schlafen

Simple Present

I	sleep
you	sleep
he/she/it	sleeps
we	sleep
you	sleep
they	sleep

Present Progressive

I	am	sleeping
you	are	sleeping
he/she/it	is	sleeping
we	are	sleeping
you	are	sleeping
they	are	sleeping

Future I

I	will	sleep
you	will	sleep
he/she/it	will	sleep
we	will	sleep
you	will	sleep
they	will	sleep

Simple Past

I	slept
you	slept
he/she/it	slept
we	slept
you	slept
they	slept

Past Progressive

I	was	sleeping
you	were	sleeping
he/she/it	was	sleeping
we	were	sleeping
you	were	sleeping
they	were	sleeping

Future I Progressive

I	will be sleeping
you	will be sleeping
he/she/it	will be sleeping
we	will be sleeping
you	will be sleeping
they	will be sleeping

Present Perfect

I	have	slept
you	have	slept
he/she/it	has	slept
we	have	slept
you	have	slept
they	have	slept

Present Perfect Progressive

I	have	been	sleeping
you	have	been	sleeping
he/she/it	has	been	sleeping
we	have	been	sleeping
you	have	been	sleeping
they	have	been	sleeping

Future II

I	will have slept
you	will have slept
he/she/it	will have slept
we	will have slept
you	will have slept
they	will have slept

Past Perfect

I	had	slept
you	had	slept
he/she/it	had	slept
we	had	slept
you	had	slept
they	had	slept

Past Perfect Progressive

I	had	been sleeping
you	had	been sleeping
he/she/it	had	been sleeping
we	had	been sleeping
you	had	been sleeping
they	had	been sleeping

Future II Progressive

I	will have been sleeping
you	will have been sleeping
he/she/it	will have been sleeping
we	will have been sleeping
you	will have been sleeping
they	will have been sleeping

Imperative

sleep

Gerund

sleeping

Past Participle

slept

Conditional II

I	would sleep
you	would sleep
he/she/it	would sleep
we	would sleep
you	would sleep
they	would sleep

Conditional Past

I	would have	slept
you	would have	slept
he/she/it	would have	slept
we	would have	slept
you	would have	slept
they	would have	slept

Simple Present

I	speak
you	speak
he/she/it	speaks
we	speak
you	speak
they	speak

Present Progressive

I	am	speaking
you	are	speaking
he/she/it	is	speaking
we	are	speaking
you	are	speaking
they	are	speaking

Future I

I	will	speak
you	will	speak
he/she/it	will	speak
we	will	speak
you	will	speak
they	will	speak

Simple Past

I	spoke
you	spoke
he/she/it	spoke
we	spoke
you	spoke
they	spoke

Past Progressive

I	was	speaking
you	were	speaking
he/she/it	was	speaking
we	were	speaking
you	were	speaking
they	were	speaking

Future I Progressive

I	will be speaking
you	will be speaking
he/she/it	will be speaking
we	will be speaking
you	will be speaking
they	will be speaking

Present Perfect

I	have	spoken
you	have	spoken
he/she/it	has	spoken
we	have	spoken
you	have	spoken
they	have	spoken

Present Perfect Progressive

I	have	been speaking
you	have	been speaking
he/she/it	has	been speaking
we	have	been speaking
you	have	been speaking
they	have	been speaking

Future II

I	will have spoken
you	will have spoken
he/she/it	will have spoken
we	will have spoken
you	will have spoken
they	will have spoken

Past Perfect

I	had	spoken
you	had	spoken
he/she/it	had	spoken
we	had	spoken
you	had	spoken
they	had	spoken

Past Perfect Progressive

I	had	been speaking
you	had	been speaking
he/she/it	had	been speaking
we	had	been speaking
you	had	been speaking
they	had	been speaking

Future II Progressive

I	will have been speaking
you	will have been speaking
he/she/it	will have been speaking
we	will have been speaking
you	will have been speaking
they	will have been speaking

Imperative

speak

Gerund

speaking

Past Participle

spoken

Conditional II

I	would speak
you	would speak
he/she/it	would speak
we	would speak
you	would speak
they	would speak

Conditional Past

I	would have	spoken
you	would have	spoken
he/she/it	would have	spoken
we	would have	spoken
you	would have	spoken
they	would have	spoken

72 spend – spent – spent

ausgeben / verbringen

Simple Present

I	spend
you	spend
he/she/it	spends
we	spend
you	spend
they	spend

Present Progressive

I	am	spending
you	are	spending
he/she/it	is	spending
we	are	spending
you	are	spending
they	are	spending

Future I

I	will	spend
you	will	spend
he/she/it	will	spend
we	will	spend
you	will	spend
they	will	spend

Simple Past

I	spent
you	spent
he/she/it	spent
we	spent
you	spent
they	spent

Past Progressive

I	was	spending
you	were	spending
he/she/it	was	spending
we	were	spending
you	were	spending
they	were	spending

Future I Progressive

I	will be spending
you	will be spending
he/she/it	will be spending
we	will be spending
you	will be spending
they	will be spending

Present Perfect

I	have	spent
you	have	spent
he/she/it	has	spent
we	have	spent
you	have	spent
they	have	spent

Present Perfect Progressive

I	have	been	spending
you	have	been	spending
he/she/it	has	been	spending
we	have	been	spending
you	have	been	spending
they	have	been	spending

Future II

I	will have spent
you	will have spent
he/she/it	will have spent
we	will have spent
you	will have spent
they	will have spent

Past Perfect

I	had	spent
you	had	spent
he/she/it	had	spent
we	had	spent
you	had	spent
they	had	spent

Past Perfect Progressive

I	had	been spending
you	had	been spending
he/she/it	had	been spending
we	had	been spending
you	had	been spending
they	had	been spending

Future II Progressive

I	will have been spending
you	will have been spending
he/she/it	will have been spending
we	will have been spending
you	will have been spending
they	will have been spending

Imperative

spend

Gerund

spending

Past Participle

spent

Conditional II

I	would spend
you	would spend
he/she/it	would spend
we	would spend
you	would spend
they	would spend

Conditional Past

I	would have	spent
you	would have	spent
he/she/it	would have	spent
we	would have	spent
you	would have	spent
they	would have	spent

Simple Present

I	stand
you	stand
he/she/it	stands
we	stand
you	stand
they	stand

Simple Past

I	stood
you	stood
he/she/it	stood
we	stood
you	stood
they	stood

Present Perfect

I	have	stood
you	have	stood
he/she/it	has	stood
we	have	stood
you	have	stood
they	have	stood

Past Perfect

I	had	stood
you	had	stood
he/she/it	had	stood
we	had	stood
you	had	stood
they	had	stood

Present Progressive

I	am	standing
you	are	standing
he/she/it	is	standing
we	are	standing
you	are	standing
they	are	standing

Past Progressive

I	was	standing
you	were	standing
he/she/it	was	standing
we	were	standing
you	were	standing
they	were	standing

Present Perfect Progressive

I	have	been	standing
you	have	been	standing
he/she/it	has	been	standing
we	have	been	standing
you	have	been	standing
they	have	been	standing

Past Perfect Progressive

I	had	been	standing
you	had	been	standing
he/she/it	had	been	standing
we	had	been	standing
you	had	been	standing
they	had	been	standing

Future I

I	will	stand
you	will	stand
he/she/it	will	stand
we	will	stand
you	will	stand
they	will	stand

Future I Progressive

I	will be standing
you	will be standing
he/she/it	will be standing
we	will be standing
you	will be standing
they	will be standing

Future II

I	will have stood
you	will have stood
he/she/it	will have stood
we	will have stood
you	will have stood
they	will have stood

Future II Progressive

I	will have been standing
you	will have been standing
he/she/it	will have been standing
we	will have been standing
you	will have been standing
they	will have been standing

Imperative

stand

Gerund

standing

Past Participle

stood

Conditional II

I	would	stand
you	would	stand
he/she/it	would	stand
we	would	stand
you	would	stand
they	would	stand

Conditional Past

I	would have	stood
you	would have	stood
he/she/it	would have	stood
we	would have	stood
you	would have	stood
they	would have	stood

Simple Present

I	stay
you	stay
he/she/it	stays
we	stay
you	stay
they	stay

Present Progressive

I	am	staying
you	are	staying
he/she/it	is	staying
we	are	staying
you	are	staying
they	are	staying

Future I

I	will	stay
you	will	stay
he/she/it	will	stay
we	will	stay
you	will	stay
they	will	stay

Simple Past

I	stayed
you	stayed
he/she/it	stayed
we	stayed
you	stayed
they	stayed

Past Progressive

I	was	staying
you	were	staying
he/she/it	was	staying
we	were	staying
you	were	staying
they	were	staying

Future I Progressive

I	will be staying
you	will be staying
he/she/it	will be staying
we	will be staying
you	will be staying
they	will be staying

Present Perfect

I	have	stayed
you	have	stayed
he/she/it	has	stayed
we	have	stayed
you	have	stayed
they	have	stayed

Present Perfect Progressive

I	have	been staying
you	have	been staying
he/she/it	has	been staying
we	have	been staying
you	have	been staying
they	have	been staying

Future II

I	will have stayed
you	will have stayed
he/she/it	will have stayed
we	will have stayed
you	will have stayed
they	will have stayed

Past Perfect

I	had	stayed
you	had	stayed
he/she/it	had	stayed
we	had	stayed
you	had	stayed
they	had	stayed

Past Perfect Progressive

I	had	been staying
you	had	been staying
he/she/it	had	been staying
we	had	been staying
you	had	been staying
they	had	been staying

Future II Progressive

I	will have been staying
you	will have been staying
he/she/it	will have been staying
we	will have been staying
you	will have been staying
they	will have been staying

Imperative

stay

Gerund

staying

Past Participle

stayed

Conditional II

I	would stay
you	would stay
he/she/it	would stay
we	would stay
you	would stay
they	would stay

Conditional Past

I	would have stayed
you	would have stayed
he/she/it	would have stayed
we	would have stayed
you	would have stayed
they	would have stayed

swim - swam - swum 75

schwimmen

Simple Present

I	swim
you	swim
he/she/it	swims
we	swim
you	swim
they	swim

Present Progressive

I	am	swimming
you	are	swimming
he/she/it	is	swimming
we	are	swimming
you	are	swimming
they	are	swimming

Future I

I	will	swim
you	will	swim
he/she/it	will	swim
we	will	swim
you	will	swim
they	will	swim

Simple Past

I	swam
you	swam
he/she/it	swam
we	swam
you	swam
they	swam

Past Progressive

I	was	swimming
you	were	swimming
he/she/it	was	swimming
we	were	swimming
you	were	swimming
they	were	swimming

Future I Progressive

I	will be swimming
you	will be swimming
he/she/it	will be swimming
we	will be swimming
you	will be swimming
they	will be swimming

Present Perfect

I	have	swum
you	have	swum
he/she/it	has	swum
we	have	swum
you	have	swum
they	have	swum

Present Perfect Progressive

I	have	been swimming
you	have	been swimming
he/she/it	has	been swimming
we	have	been swimming
you	have	been swimming
they	have	been swimming

Future II

I	will have swum
you	will have swum
he/she/it	will have swum
we	will have swum
you	will have swum
they	will have swum

Past Perfect

I	had	swum
you	had	swum
he/she/it	had	swum
we	had	swum
you	had	swum
they	had	swum

Past Perfect Progressive

I	had	been swimming
you	had	been swimming
he/she/it	had	been swimming
we	had	been swimming
you	had	been swimming
they	had	been swimming

Future II Progressive

I	will have been swimming
you	will have been swimming
he/she/it	will have been swimming
we	will have been swimming
you	will have been swimming
they	will have been swimming

Imperative

swim

Gerund

swimming

Past Participle

swum

Conditional II

I	would swim
you	would swim
he/she/it	would swim
we	would swim
you	would swim
they	would swim

Conditional Past

I	would have swum
you	would have swum
he/she/it	would have swum
we	would have swum
you	would have swum
they	would have swum

take - took - taken

nehmen

Unregelmäßiges Verb

Achtung! In der ***-ing-*** Form entfällt das Endungs-e.

Simple Present

I	take
you	take
he/she/it	takes
we	take
you	take
they	take

Simple Past

I	took
you	took
he/she/it	took
we	took
you	took
they	took

Present Perfect

I	have	taken
you	have	taken
he/she/it	has	taken
we	have	taken
you	have	taken
they	have	taken

Past Perfect

I	had	taken
you	had	taken
he/she/it	had	taken
we	had	taken
you	had	taken
they	had	taken

Present Progressive

I	am	taking
you	are	taking
he/she/it	is	taking
we	are	taking
you	are	taking
they	are	taking

Past Progressive

I	was	taking
you	were	taking
he/she/it	was	taking
we	were	taking
you	were	taking
they	were	taking

Present Perfect Progressive

I	have	been	taking
you	have	been	taking
he/she/it	has	been	taking
we	have	been	taking
you	have	been	taking
they	have	been	taking

Past Perfect Progressive

I	had	been	taking
you	had	been	taking
he/she/it	had	been	taking
we	had	been	taking
you	had	been	taking
they	had	been	taking

Future I

I	will	take
you	will	take
he/she/it	will	take
we	will	take
you	will	take
they	will	take

Future I Progressive

I	will be taking
you	will be taking
he/she/it	will be taking
we	will be taking
you	will be taking
they	will be taking

Future II

I	will have taken
you	will have taken
he/she/it	will have taken
we	will have taken
you	will have taken
they	will have taken

Future II Progressive

I	will have been taking
you	will have been taking
he/she/it	will have been taking
we	will have been taking
you	will have been taking
they	will have been taking

Imperative

take

Gerund

taking

Past Participle

taken

Conditional II

I	would take
you	would take
he/she/it	would take
we	would take
you	would take
they	would take

Conditional Past

I	would have	taken
you	would have	taken
he/she/it	would have	taken
we	would have	taken
you	would have	taken
they	would have	taken

think – thought – thought 77

denken

Simple Present

I	think
you	think
he/she/it	thinks
we	think
you	think
they	think

Present Progressive

I	am	thinking
you	are	thinking
he/she/it	is	thinking
we	are	thinking
you	are	thinking
they	are	thinking

Future I

I	will	think
you	will	think
he/she/it	will	think
we	will	think
you	will	think
they	will	think

Simple Past

I	thought
you	thought
he/she/it	thought
we	thought
you	thought
they	thought

Past Progressive

I	was	thinking
you	were	thinking
he/she/it	was	thinking
we	were	thinking
you	were	thinking
they	were	thinking

Future I Progressive

I	will be thinking
you	will be thinking
he/she/it	will be thinking
we	will be thinking
you	will be thinking
they	will be thinking

Present Perfect

I	have	thought
you	have	thought
he/she/it	has	thought
we	have	thought
you	have	thought
they	have	thought

Present Perfect Progressive

I	have	been	thinking
you	have	been	thinking
he/she/it	has	been	thinking
we	have	been	thinking
you	have	been	thinking
they	have	been	thinking

Future II

I	will have thought
you	will have thought
he/she/it	will have thought
we	will have thought
you	will have thought
they	will have thought

Past Perfect

I	had	thought
you	had	thought
he/she/it	had	thought
we	had	thought
you	had	thought
they	had	thought

Past Perfect Progressive

I	had	been	thinking
you	had	been	thinking
he/she/it	had	been	thinking
we	had	been	thinking
you	had	been	thinking
they	had	been	thinking

Future II Progressive

I	will have been thinking
you	will have been thinking
he/she/it	will have been thinking
we	will have been thinking
you	will have been thinking
they	will have been thinking

Imperative

think

Gerund

thinking

Past Participle

thought

Conditional II

I	would think
you	would think
he/she/it	would think
we	would think
you	would think
they	would think

Conditional Past

I	would have	thought
you	would have	thought
he/she/it	would have	thought
we	would have	thought
you	would have	thought
they	would have	thought

Simple Present

I	travel
you	travel
he/she/it	travels
we	travel
you	travel
they	travel

Present Progressive

I	am	travelling
you	are	travelling
he/she/it	is	travelling
we	are	travelling
you	are	travelling
they	are	travelling

Future I

I	will	travel
you	will	travel
he/she/it	will	travel
we	will	travel
you	will	travel
they	will	travel

Simple Past

I	travelled
you	travelled
he/she/it	travelled
we	travelled
you	travelled
they	travelled

Past Progressive

I	was	travelling
you	were	travelling
he/she/it	was	travelling
we	were	travelling
you	were	travelling
they	were	travelling

Future I Progressive

I	will be travelling
you	will be travelling
he/she/it	will be travelling
we	will be travelling
you	will be travelling
they	will be travelling

Present Perfect

I	have	travelled
you	have	travelled
he/she/it	has	travelled
we	have	travelled
you	have	travelled
they	have	travelled

Present Perfect Progressive

I	have	been travelling
you	have	been travelling
he/she/it	has	been travelling
we	have	been travelling
you	have	been travelling
they	have	been travelling

Future II

I	will have travelled
you	will have travelled
he/she/it	will have travelled
we	will have travelled
you	will have travelled
they	will have travelled

Past Perfect

I	had	travelled
you	had	travelled
he/she/it	had	travelled
we	had	travelled
you	had	travelled
they	had	travelled

Past Perfect Progressive

I	had	been travelling
you	had	been travelling
he/she/it	had	been travelling
we	had	been travelling
you	had	been travelling
they	had	been travelling

Future II Progressive

I	will have been travelling
you	will have been travelling
he/she/it	will have been travelling
we	will have been travelling
you	will have been travelling
they	will have been travelling

Imperative

travel

Gerund

travelling

Past Participle

travelled

Conditional II

I	would travel
you	would travel
he/she/it	would travel
we	would travel
you	would travel
they	would travel

Conditional Past

I	would have	travelled
you	would have	travelled
he/she/it	would have	travelled
we	would have	travelled
you	would have	travelled
they	would have	travelled

Simple Present

I	visit
you	visit
he/she/it	visits
we	visit
you	visit
they	visit

Simple Past

I	visited
you	visited
he/she/it	visited
we	visited
you	visited
they	visited

Present Perfect

I	have	visited
you	have	visited
he/she/it	has	visited
we	have	visited
you	have	visited
they	have	visited

Past Perfect

I	had	visited
you	had	visited
he/she/it	had	visited
we	had	visited
you	had	visited
they	had	visited

Present Progressive

I	am	visiting
you	are	visiting
he/she/it	is	visiting
we	are	visiting
you	are	visiting
they	are	visiting

Past Progressive

I	was	visiting
you	were	visiting
he/she/it	was	visiting
we	were	visiting
you	were	visiting
they	were	visiting

Present Perfect Progressive

I	have	been	visiting
you	have	been	visiting
he/she/it	has	been	visiting
we	have	been	visiting
you	have	been	visiting
they	have	been	visiting

Past Perfect Progressive

I	had	been	visiting
you	had	been	visiting
he/she/it	had	been	visiting
we	had	been	visiting
you	had	been	visiting
they	had	been	visiting

Future I

I	will	visit
you	will	visit
he/she/it	will	visit
we	will	visit
you	will	visit
they	will	visit

Future I Progressive

I	will be visiting
you	will be visiting
he/she/it	will be visiting
we	will be visiting
you	will be visiting
they	will be visiting

Future II

I	will have visited
you	will have visited
he/she/it	will have visited
we	will have visited
you	will have visited
they	will have visited

Future II Progressive

I	will have been visiting
you	will have been visiting
he/she/it	will have been visiting
we	will have been visiting
you	will have been visiting
they	will have been visiting

Imperative

visit

Gerund

visiting

Past Participle

visited

Conditional II

I	would visit
you	would visit
he/she/it	would visit
we	would visit
you	would visit
they	would visit

Conditional Past

I	would have	visited
you	would have	visited
he/she/it	would have	visited
we	would have	visited
you	would have	visited
they	would have	visited

Simple Present

I	wait
you	wait
he/she/it	waits
we	wait
you	wait
they	wait

Simple Past

I	waited
you	waited
he/she/it	waited
we	waited
you	waited
they	waited

Present Perfect

I	have	waited
you	have	waited
he/she/it	has	waited
we	have	waited
you	have	waited
they	have	waited

Past Perfect

I	had	waited
you	had	waited
he/she/it	had	waited
we	had	waited
you	had	waited
they	had	waited

Present Progressive

I	am	waiting
you	are	waiting
he/she/it	is	waiting
we	are	waiting
you	are	waiting
they	are	waiting

Past Progressive

I	was	waiting
you	were	waiting
he/she/it	was	waiting
we	were	waiting
you	were	waiting
they	were	waiting

Present Perfect Progressive

I	have	been	waiting
you	have	been	waiting
he/she/it	has	been	waiting
we	have	been	waiting
you	have	been	waiting
they	have	been	waiting

Past Perfect Progressive

I	had	been	waiting
you	had	been	waiting
he/she/it	had	been	waiting
we	had	been	waiting
you	had	been	waiting
they	had	been	waiting

Future I

I	will	wait
you	will	wait
he/she/it	will	wait
we	will	wait
you	will	wait
they	will	wait

Future I Progressive

I	will be waiting
you	will be waiting
he/she/it	will be waiting
we	will be waiting
you	will be waiting
they	will be waiting

Future II

I	will have waited
you	will have waited
he/she/it	will have waited
we	will have waited
you	will have waited
they	will have waited

Future II Progressive

I	will have been waiting
you	will have been waiting
he/she/it	will have been waiting
we	will have been waiting
you	will have been waiting
they	will have been waiting

Imperative

wait

Gerund

waiting

Past Participle

waited

Conditional II

I	would wait
you	would wait
he/she/it	would wait
we	would wait
you	would wait
they	would wait

Conditional Past

I	would have	waited
you	would have	waited
he/she/it	would have	waited
we	would have	waited
you	would have	waited
they	would have	waited

Für dieses Verb gibt es keine *Present Progressiv*-Formen.

wollen / mögen

Simple Present

I	want
you	want
he/she/it	wants
we	want
you	want
they	want

Present Progressive

—

Future I

I	will	want
you	will	want
he/she/it	will	want
we	will	want
you	will	want
they	will	want

Simple Past

I	wanted
you	wanted
he/she/it	wanted
we	wanted
you	wanted
they	wanted

Past Progressive*

I	was	wanting
you	were	wanting
he/she/it	was	wanting
we	were	wanting
you	were	wanting
they	were	wanting

Future I Progressive

I	will be wanting
you	will be wanting
he/she/it	will be wanting
we	will be wanting
you	will be wanting
they	will be wanting

Present Perfect

I	have	wanted
you	have	wanted
he/she/it	has	wanted
we	have	wanted
you	have	wanted
they	have	wanted

Present Perfect Progressive

I	have	been wanting
you	have	been wanting
he/she/it	has	been wanting
we	have	been wanting
you	have	been wanting
they	have	been wanting

Future II

I	will have wanted
you	will have wanted
he/she/it	will have wanted
we	will have wanted
you	will have wanted
they	will have wanted

Past Perfect

I	had	wanted
you	had	wanted
he/she/it	had	wanted
we	had	wanted
you	had	wanted
they	had	wanted

Past Perfect Progressive

I	had	been wanting
you	had	been wanting
he/she/it	had	been wanting
we	had	been wanting
you	had	been wanting
they	had	been wanting

Future II Progressive

I	will have been wanting
you	will have been wanting
he/she/it	will have been wanting
we	will have been wanting
you	will have been wanting
they	will have been wanting

Imperative

want*

Gerund

wanting

Past Participle

wanted

Conditional II

I	would want
you	would want
he/she/it	would want
we	would want
you	would want
they	would want

Conditional Past

I	would have wanted
you	would have wanted
he/she/it	would have wanted
we	would have wanted
you	would have wanted
they	would have wanted

*selten

waschen Achtung in der 3. Person Singular im *Simple Present!* Hier musst Du ein **-es** anhängen.

Simple Present

I	wash
you	wash
he/she/it	washes
we	wash
you	wash
they	wash

Simple Past

I	washed
you	washed
he/she/it	washed
we	washed
you	washed
they	washed

Present Perfect

I	have washed
you	have washed
he/she/it	has washed
we	have washed
you	have washed
they	have washed

Past Perfect

I	had washed
you	had washed
he/she/it	had washed
we	had washed
you	had washed
they	had washed

Present Progressive

I	am washing
you	are washing
he/she/it	is washing
we	are washing
you	are washing
they	are washing

Past Progressive

I	was washing
you	were washing
he/she/it	was washing
we	were washing
you	were washing
they	were washing

Present Perfect Progressive

I	have been washing
you	have been washing
he/she/it	has been washing
we	have been washing
you	have been washing
they	have been washing

Past Perfect Progressive

I	had been washing
you	had been washing
he/she/it	had been washing
we	had been washing
you	had been washing
they	had been washing

Future I

I	will wash
you	will wash
he/she/it	will wash
we	will wash
you	will wash
they	will wash

Future I Progressive

I	will be washing
you	will be washing
he/she/it	will be washing
we	will be washing
you	will be washing
they	will be washing

Future II

I	will have washed
you	will have washed
he/she/it	will have washed
we	will have washed
you	will have washed
they	will have washed

Future II Progressive

I	will have been washing
you	will have been washing
he/she/it	will have been washing
we	will have been washing
you	will have been washing
they	will have been washing

Imperative

wash

Gerund

washing

Past Participle

washed

Conditional II

I	would wash
you	would wash
he/she/it	would wash
we	would wash
you	would wash
they	would wash

Conditional Past

I	would have washed
you	would have washed
he/she/it	would have washed
we	would have washed
you	would have washed
they	would have washed

Simple Present

I	wear
you	wear
he/she/it	wears
we	wear
you	wear
they	wear

Present Progressive

I	am	wearing
you	are	wearing
he/she/it	is	wearing
we	are	wearing
you	are	wearing
they	are	wearing

Future I

I	will	wear
you	will	wear
he/she/it	will	wear
we	will	wear
you	will	wear
they	will	wear

Simple Past

I	wore
you	wore
he/she/it	wore
we	wore
you	wore
they	wore

Past Progressive

I	was	wearing
you	were	wearing
he/she/it	was	wearing
we	were	wearing
you	were	wearing
they	were	wearing

Future I Progressive

I	will be wearing
you	will be wearing
he/she/it	will be wearing
we	will be wearing
you	will be wearing
they	will be wearing

Present Perfect

I	have	worn
you	have	worn
he/she/it	has	worn
we	have	worn
you	have	worn
they	have	worn

Present Perfect Progressive

I	have	been wearing
you	have	been wearing
he/she/it	has	been wearing
we	have	been wearing
you	have	been wearing
they	have	been wearing

Future II

I	will have worn
you	will have worn
he/she/it	will have worn
we	will have worn
you	will have worn
they	will have worn

Past Perfect

I	had	worn
you	had	worn
he/she/it	had	worn
we	had	worn
you	had	worn
they	had	worn

Past Perfect Progressive

I	had	been wearing
you	had	been wearing
he/she/it	had	been wearing
we	had	been wearing
you	had	been wearing
they	had	been wearing

Future II Progressive

I	will have been wearing
you	will have been wearing
he/she/it	will have been wearing
we	will have been wearing
you	will have been wearing
they	will have been wearing

Imperative

wear

Gerund

wearing

Past Participle

worn

Conditional II

I	would wear
you	would wear
he/she/it	would wear
we	would wear
you	would wear
they	would wear

Conditional Past

I	would have	worn
you	would have	worn
he/she/it	would have	worn
we	would have	worn
you	would have	worn
they	would have	worn

Simple Present

I	work
you	work
he/she/it	works
we	work
you	work
they	work

Present Progressive

I	am	working
you	are	working
he/she/it	is	working
we	are	working
you	are	working
they	are	working

Future I

I	will	work
you	will	work
he/she/it	will	work
we	will	work
you	will	work
they	will	work

Simple Past

I	worked
you	worked
he/she/it	worked
we	worked
you	worked
they	worked

Past Progressive

I	was	working
you	were	working
he/she/it	was	working
we	were	working
you	were	working
they	were	working

Future I Progressive

I	will be working
you	will be working
he/she/it	will be working
we	will be working
you	will be working
they	will be working

Present Perfect

I	have	worked
you	have	worked
he/she/it	has	worked
we	have	worked
you	have	worked
they	have	worked

Present Perfect Progressive

I	have	been	working
you	have	been	working
he/she/it	has	been	working
we	have	been	working
you	have	been	working
they	have	been	working

Future II

I	will have worked
you	will have worked
he/she/it	will have worked
we	will have worked
you	will have worked
they	will have worked

Past Perfect

I	had	worked
you	had	worked
he/she/it	had	worked
we	had	worked
you	had	worked
they	had	worked

Past Perfect Progressive

I	had	been	working
you	had	been	working
he/she/it	had	been	working
we	had	been	working
you	had	been	working
they	had	been	working

Future II Progressive

I	will have been working
you	will have been working
he/she/it	will have been working
we	will have been working
you	will have been working
they	will have been working

Imperative

work

Gerund

working

Past Participle

worked

Conditional II

I	would work
you	would work
he/she/it	would work
we	would work
you	would work
they	would work

Conditional Past

I	would have	worked
you	would have	worked
he/she/it	would have	worked
we	would have	worked
you	would have	worked
they	would have	worked

Simple Present

I	write
you	write
he/she/it	writes
we	write
you	write
they	write

Simple Past

I	wrote
you	wrote
he/she/it	wrote
we	wrote
you	wrote
they	wrote

Present Perfect

I	have	written
you	have	written
he/she/it	has	written
we	have	written
you	have	written
they	have	written

Past Perfect

I	had	written
you	had	written
he/she/it	had	written
we	had	written
you	had	written
they	had	written

Present Progressive

I	am	writing
you	are	writing
he/she/it	is	writing
we	are	writing
you	are	writing
they	are	writing

Past Progressive

I	was	writing
you	were	writing
he/she/it	was	writing
we	were	writing
you	were	writing
they	were	writing

Present Perfect Progressive

I	have	been	writing
you	have	been	writing
he/she/it	has	been	writing
we	have	been	writing
you	have	been	writing
they	have	been	writing

Past Perfect Progressive

I	had	been	writing
you	had	been	writing
he/she/it	had	been	writing
we	had	been	writing
you	had	been	writing
they	had	been	writing

Future I

I	will	write
you	will	write
he/she/it	will	write
we	will	write
you	will	write
they	will	write

Future I Progressive

I	will be writing
you	will be writing
he/she/it	will be writing
we	will be writing
you	will be writing
they	will be writing

Future II

I	will have written
you	will have written
he/she/it	will have written
we	will have written
you	will have written
they	will have written

Future II Progressive

I	will have been writing
you	will have been writing
he/she/it	will have been writing
we	will have been writing
you	will have been writing
they	will have been writing

Imperative

write

Gerund

writing

Past Participle

written

Conditional II

I	would write
you	would write
he/she/it	would write
we	would write
you	would write
they	would write

Conditional Past

I	would have written
you	would have written
he/she/it	would have written
we	would have written
you	would have written
they	would have written

Unregelmäßige englische Verben

Infinitive *Infinitiv*	**Simple Past** *Vergangenheit*	**Past Participle** *Partizip Perfekt*	**German** *Deutsch*
arise	arose	arisen	*sich ergeben, entstehen*
awake	awoke	awoken	*erwachen*
be	was / were	been	*sein*
bear	bore	borne	*tragen, ertragen*
beat	beat	beaten	*schlagen*
become	became	become	*werden*
begin	began	begun	*beginnen*
bend	bent	bent	*beugen, verbiegen*
bet	bet, betted	bet, betted	*wetten*
bind	bound	bound	*binden*
bleed	bled	bled	*bluten*
bite	bit	bitten	*beißen*
blow	blew	blown	*blasen*
break	broke	broken	*(zer)brechen*
breed	bred	bred	*züchten, brüten*
bring	brought	brought	*(her)bringen*
build	built	built	*bauen*
burn	burnt	burnt	*verbrennen*
burst	burst	burst	*platzen, aufbrechen*
buy	bought	bought	*kaufen*
can	could	(been able)	*können*
cast	cast	cast	*werfen*
catch	caught	caught	*fangen*
choose	chose	chosen	*wählen*
come	came	come	*kommen*
cost	cost	cost	*kosten*
creep	crept	crept	*schleichen, kriechen*
cut	cut	cut	*schneiden*
dig	dug	dug	*graben*
do	did	done	*machen, tun*
draw	drew	drawn	*zeichnen*
dream	dreamt	dreamt	*träumen*
drink	drank	drunk	*trinken*
drive	drove	driven	*fahren*
eat	ate	eaten	*essen*

fall	fell	fallen	*fallen*
feed	fed	fed	*füttern*
feel	felt	felt	*(sich) fühlen*
fight	fought	fought	*kämpfen*
find	found	found	*finden*
flee	fled	fled	*fliehen, flüchten*
fling	flung	flung	*schleudern*
fly	flew	flown	*fliegen*
forbid	forbad, forbade	forbidden	*verbieten*
forecast	forecast, forecasted	forecast, forecasted	*vorhersagen*
forget	forgot	forgotten	*vergessen*
forgive	forgave	forgiven	*verzeihen*
freeze	froze	frozen	*(ge)frieren*
get	got	got, AE: gotten	*bekommen*
give	gave	given	*geben*
go	went	gone	*gehen*
grind	ground	ground	*(zer)mahlen*
grow	grew	grown	*wachsen*
hang	hung	hung	*hängen*
have	had	had	*haben*
hear	heard	heard	*hören*
hide	hid	hidden	*(sich) verstecken*
hit	hit	hit	*schlagen*
hold	held	held	*halten*
hurt	hurt	hurt	*wehtun*
keep	kept	kept	*behalten*
kneel	knelt	knelt	*knien*
know	knew	known	*wissen, kennen*
lay	laid	laid	*legen*
lead	led	led	*führen*
lean	leant, leaned	leant, leaned	*lehnen, sich neigen*
leap	leapt, leaped	leapt, leaped	*springen*
learn	learnt, learned	learnt, learned	*lernen*
leave	left	left	*(ver)lassen*
lend	lent	lent	*(aus)leihen*
let	let	let	*lassen*
lie	lay	lain	*liegen*
light	lit	lit	*anzünden*
lose	lost	lost	*verlieren*

Unregelmäßige englische Verben

make	made	made	*machen*
may	might	—	*dürfen*
mean	meant	meant	*bedeuten, meinen*
meet	met	met	*treffen*
mistake	mistook	mistaken	*falsch verstehen*
must	(had to)	(had to)	*müssen*
pay	paid	paid	*bezahlen*
put	put	put	*legen, stellen, setzen*
quit	quit, quitted	quit, quitted	*aufhören*
read	read	read	*lesen*
ride	rode	ridden	*reiten, fahren*
ring	rang	rung	*klingeln*
rise	rose	risen	*aufstehen, (an)steigen*
run	ran	run	*rennen*
saw	sawed	sawn, sawed	*sägen*
say	said	said	*sagen*
see	saw	seen	*sehen*
seek	sought	sought	*suchen, streben*
sell	sold	sold	*verkaufen*
send	sent	sent	*schicken*
set	set	set	*setzen, legen*
sew	sewed	sewn	*nähen*
shake	shook	shaken	*schütteln*
shine	shone	shone	*scheinen*
shoot	shot	shot	*(er)schießen*
show	showed	shown	*zeigen*
shrink	shrank	shrunk	*einlaufen, schrumpfen*
shut	shut	shut	*schließen*
sing	sang	sung	*singen*
sink	sank	sunk	*versenken, sinken*
sit	sat	sat	*sitzen*
sleep	slept	slept	*schlafen*
slide	slid	slid	*rutschen*
smell	smelt	smelt	*riechen*
sow	sowed	sown, sowed	*säen*
speak	spoke	spoken	*sprechen*
spell	spelt, spelled	spelt, spelled	*buchstabieren*
spend	spent	spent	*ausgeben, verbringen*
spill	spilt, spilled	spilt, spilled	*verschütten*
spin	spun	spun	*spinnen, drehen*
spit	spat	spat	*spucken*
split	split	split	*spalten*

spoil	spoilt, spoiled	spoilt, spoiled	*verderben*
spread	spread	spread	*ausbreiten, bestreichen*
stand	stood	stood	*stehen*
steal	stole	stolen	*stehlen*
stick	stuck	stuck	*kleben*
sting	stung	stung	*stechen*
stink	stank	stunk	*stinken*
stride	strode	stridden	*schreiten*
strike	struck	struck	*schlagen*
strive	strove	striven	*sich bemühen*
swear	swore	sworn	*schwören*
sweep	swept	swept	*kehren*
swim	swam	swum	*schwimmen*
swing	swung	swung	*schwingen*
take	took	taken	*nehmen*
teach	taught	taught	*lehren*
tear	tore	torn	*zerreißen*
tell	told	told	*erzählen*
think	thought	thought	*denken*
throw	threw	thrown	*werfen*
understand	understood	understood	*verstehen*
upset	upset	upset	*umstoßen, erschüttern*
wake	woke	woken	*(auf)wachen*
wear	wore	worn	*tragen*
weave	wove	woven	*weben*
weep	wept	wept	*weinen*
win	won	won	*gewinnen*
wind	wound	wound	*wickeln, spulen*
wring	wrung	wrung	*auswringen*
write	wrote	written	*schreiben*

Verben mit Präpositionen

Eine Reihe von Verben treten im Englischen mit bestimmten Präpositionen auf. Manche Verben verlangen dabei immer dieselbe Präposition, andere werden mit verschiedenen Präpositionen benutzt. In diesem Fall verändert die jeweilige Präposition die Bedeutung des Verbs. Hier siehst Du eine Liste der wichtigsten Kombinationen.

(+ -ing) – nach der Präposition kann ein Verb in der **-ing** Form stehen

account **for** *etw. erklären*	How do you account for the missing cash?
accuse sb **of** (+ **-ing**) *beschuldigen wegen*	The police accused Mike of robbing a bank.
adapt **to** *sich anpassen an*	I found it difficult to adapt to the local customs.
agree **on** (+ **-ing**) *sich einigen über*	We agreed on a special price for the car.
agree **with** sb *mit jmdm. einer Meinung sein*	I agree with you.
apologize **for** sth / (+ **-ing**) *sich entschuldigen für*	You'll have to apologize for that.
apply **for** *sich bewerben um*	Peter is going to apply for a new job.
approve **of** (+ **-ing**) *etw. biligen, genehmigen*	The council approved of our proposals.
arrive **at** *gelangen zu*	We finally arrived at a conclusion.
ask **for** (+ **-ing**) *bitten um*	Don't always ask me for money!
become **of** *werden aus (jmdm.)*	What has become of him?
believe **in** (+ **-ing**) *glauben an*	Do you believe in God?
belong **to** *gehören zu*	This bag belongs to Lillian.
be used **to** (+ **-ing**) *gewöhnt sein an*	I'm not used to getting up so early.
blame sb **for** sth / (+ **-ing**) *jmdm. Schuld geben wegen*	Don't blame your parents for your problems!
blame sth **on** *einer Sache Schuld geben für*	John blamed his bad mood on his illness.

borrow **from** *leihen von*	Mary borrowed the money from her sister.
care **about** *sich interessieren für*	Nick doesn't care about money.
care **for** (+ **-ing**) *sich kümmern um*	He cared for his sick mother.
carry **on** (+ **-ing**) *weitermachen mit*	We carried on talking until way past midnight.
come **about** *zustandekommen*	How did the new rule come about?
come **from** *kommen aus*	Where do you come from?
come **in** *hereinkommen*	Please, come in.
come **out** *mitkommen*	Are you coming out to the pub tonight?
come **up** *aufkommen*	A difficult situation has come up.
complain **about** (+ **-ing**) *sich beschweren über*	I'll have to complain about the service here.
concentrate **on** (+ **-ing**) *sich konzentrieren auf*	You'll really need to concentrate on your work now.
consist **of** (+ **-ing**) *bestehen aus*	This cake mainly consists of eggs, flour and sugar.
cope **with** (+ **-ing**) *etw. bewältigen*	How do you cope with all this work?
deal **with** *sich kümmern um*	It's alright, I'll deal with it.
decide **against** (+ **-ing**) *sich entscheiden gegen*	We decided against cleaning the house.
decide **on** *entscheiden über*	Have you decided on a date yet?
depend **on** (+ **-ing**) *abhängig sein von*	It depends on the weather.
die **of** (+ **-ing**) *sterben an*	My mother died of cancer.
disapprove **of** (+ **-ing**) *etw. missbilligen*	I totally disapprove of this kind of behaviour!

Verben mit Präpositionen

dream **about** / **of** (+ **-ing**) *träumen von*	Jill sat there dreaming about / of a new life.
escape **from** (+ **-ing**) *flüchten vor*	The bank robbers escaped (from) the police.
feel **like** (+ **-ing**) *Lust haben zu / auf*	I don't feel like dancing today.
forget **about** *jmdn. / etw. vergessen*	Ben forgot about the meeting this morning.
forgive sb **for** (+ **-ing**) *vergeben für*	Please forgive me for breaking your glasses.
get rid **of** *jmdn. / etw. loswerden*	You should get rid of your boyfriend.
get used **to** *sich gewöhnen an*	I can't get used to this situation.
happen **to** *jmdm. zustoßen*	This could have happened to anyone.
hear **from** *von jmdm. hören*	Have you heard from Ivan recently?
insist **on** (+ **-ing**) *bestehen auf*	Harry insisted on paying the bill.
introduce sb **to** *jmdn. vorstellen*	May I introduce you to my wife?
invite sb **to** *jmdn. einladen zu*	I think we should invite Lisa to our party.
keep **from** (+ **-ing**) *abhalten von*	A ban won't keep him from smoking.
keep **on** (+ **-ing**) *weitermachen mit*	We kept on talking for hours.
laugh **at** / **about** *lachen über*	Will you stop laughing at me?
learn **about** *über etw. lernen*	I learned a lot about the Celts at school.
listen **to** *jmdm. zuhören*	You should listen to me every once in a while.
look **at** *jmdn. / etw. ansehen*	Look at this wonderful picture!
look **for** *suchen nach*	I'm still looking for my keys.

look forward **to** (+ **-ing**) *sich freuen auf*	We look forward to hearing from you soon.
participate **in** *teilnehmen an*	Yesterday I participated in an interesting workshop.
pay **for** (+ **-ing**) *bezahlen für*	Have the tickets been paid for?
prepare **for** *sich vorbereiten auf*	I haven't prepared for next week's exam yet.
prevent sb **from** (+ **-ing**) *jmdn. an etw. hindern*	Tom's injury prevented him from playing football.
put **off** (+ **-ing**) *etw. aufschieben*	I'm afraid we'll have to put off our date.
refer **to** *Bezug nehmen auf*	He always refers to his wife as 'the old woman'.
relate **to** *sich beziehen auf*	The next chapter relates to the history of Scotland.
rely **on** (+ **-ing**) *sich verlassen auf*	You can't rely on the weather in this country.
remind sb **of** *jmdn. erinnern an*	His mother reminds me of Maggie Thatcher.
spend (money) **on** (+ **-ing**) *Geld ausgeben für*	How much money do you spend on shopping?
succeed **in** (+ **-ing**) *Erfolg haben mit*	They will only succeed in making things worse.
suspect sb **of** (+ **-ing**) *jmdn. verdächtigen wegen*	Paul was suspected of robbing a bank.
take care **of** *aufpassen auf*	Could you take care of Liz tonight?
take sb / sth **in** *jmdn. / etw. aufnehmen*	Could you take in the children for a while?
take sb **out** *jmdn. einladen zu*	The Smiths took us out for dinner last night.
take **over** *übernehmen*	Adrian will take over while I'm away.
take **up** *anfangen mit*	Liz took up her new job in June.
talk **about** (+ **-ing**) *sprechen über*	We talked about going on holiday soon.

talk **to** *sprechen mit*	I'd love to talk to your parents about this.
think **about** (+ **-ing**) *nachdenken über*	Have you ever thought about moving to England?
use **for** (+ **-ing**) *verwenden für*	You'll have to use water for cleaning your car.
vote **for** *stimmen für*	Are you going to vote for Labour?
wait **for** *warten auf*	I've been waiting for you the whole day.
work **for** *arbeiten für*	I work for a big company.
worry **about** (+ **-ing**) *sich sorgen über*	Don't worry about Mary, she'll be alright.

Phrasal verbs mit Präpositionen

Auch eine Reihe von sogenannten *phrasal verbs* – Verben, die in Verbindung mit einer Präposition ein neues Verb bilden – werden oft mit bestimmten Präpositionen benutzt, so dass auf das Verb gleich zwei Präpositionen folgen. Hier siehst Du eine Liste der wichtigsten Kombinationen.

break up **with** *sich trennen von*	Donna broke up with her boyfriend.
catch up **with** *jmdn. einholen*	Hurry, she's catching up with us!
check up **on** *jmdn. überprüfen*	I'll try to check up on that guy.
check out **of** *auschecken aus*	Ms. Baker checked out of the hotel this morning.
come up **with** *auf etw. kommen*	Sue suddenly came up with a good idea.
cut down **on** (+ **-ing**) *etw. einschränken*	You really should cut down on drinking.
drop out **of** *ausscheiden aus*	I dropped out of school at the age of 16.
get along **with** *sich verstehen mit*	Do you get along well with your schoolmates?
get away **from** *flüchten vor*	She finally got away from her pursuers.

get away **with** (+ **-ing**) *davonkommen mit*	You're not going to get away with your excuse!
get back **from** (+ **-ing**) *zurückkommen aus*	When did you get back from Australia?
get back **to** (+ **-ing**) *zurückkehren zu*	I'd like to get back to sleep.
get down **to** (+ **-ing**) *mit etw. beginnen*	I should get down to work now.
get through **with** *fertig werden mit*	I'll never get through with that.
give in **to** *etw. nachgeben*	Emma gave in to the majority.
give up **on** (+ **-ing**) *etw. aufgeben*	Don't give up on life!
go in **for** (+ **-ing**) *etw. mögen*	I've never really gone in for classical music.
grow up **in** *aufwachsen in*	Jackie grew up in Oxfordshire.
keep up **with** *mithalten mit*	It's difficult to keep up with technology.
look down **on** *herabsehen auf*	My older sister always looked down on me.
look up **to** *zu jmdm. aufschauen*	I've always looked up to my parents.
look out **for** *Ausschau halten nach*	We'll look out for you at the station.
put up **with** *sich abfinden mit*	I'm not putting up with this any longer!
run out **of** *etw. nicht mehr haben*	We've run out of milk. Can you go and get some?
stand up **for** *sich einsetzen für*	You'll have to stand up for your rights!
watch out **for** *sich in Acht nehmen vor*	Watch out for the dog!

Übungen

Abschlusstests

Lösungen

Alphabetische Verbliste E-D/D-E

5. Klasse – Simple Present

1. Auf die Fragen unten gibt es jeweils nur eine korrekt formulierte Antwort. Kreuze sie an.

A Which school does he go to?
a. ☐ He go to Fulchester Boys' School.
b. ☐ He goes to Fulchester Boys' School.
c. ☐ He gos to Fulchester Boys' School.

B Where is the bus stop?
a. ☐ I doesn't know.
b. ☐ I dont know.
c. ☐ I don't know.

C Can he play the piano?
a. ☐ No, but he tries hard!
b. ☐ No, but he trys hard!
c. ☐ No, but he try hard!

D Does anyone here like football?
a. ☐ Ask Monika, she watchess it on TV.
b. ☐ Ask Monika, she watchs it on TV.
c. ☐ Ask Monika, she watches it on TV.

E Can you climb that tree?
a. ☐ No, I cant climb that high.
b. ☐ No, I can't climb that high.
c. ☐ No, I canot climb that high.

2. Ergänze die Lücken mit der passenden Verbform. Denke daran, was bei he/she/it immer mit muss!

	to be	**to go**	**to see**
I	am		see
you		go	
he/she/it			
we		go	see
you	are		see
they		go	

3. Vervollständige diese Sätze, indem Du die richtige Verbform im Simple Present auswählst.

a. Mr. Harris ________ ***(teach/teachs/teaches)*** geography at the local school.

b. Who here ________ ***(knowes/know/knows)*** the rules of tennis?

c. ________ ***(Are/Is/Be)*** you in a football team?

d. I ________ ***(dont/don't/docsn't)*** know the answer.

e. Your kite ________ ***(fly/flys/flies)*** very nicely.

f. Mr. Davidson ________ ***(musts/must/mustes)*** answer her question.

4. Diese Buchstabenschlange besteht aus Verben im Simple Present. Kannst Du sie alle finden?

WRITEEATSSHOWSEESLIKESGODOESAMSLEEP

5. Du schreibst eine E-Mail an Deine neue Brieffreundin in den USA. Wähle die richtigen Verbformen aus.

live hope can are do like is don't am

Hello Jane!

My name ______ Patrick and I ______ your new penpal. I ______ you ______ understand my English and that you ______ need a dictionary. I ______ listening to music and playing tennis. What ______ your interests? And where ______ you ______? I live in a small town near Frankfurt.

Best wishes, Patrick

6. Lies diese Sätze über das Schulleben in Großbritannien und setze die Verben in die entsprechende Form des Simple Present.

a. School in England usually ______ at about 8.30am. ***(begin)***

b. There ______ often an assembly before lessons start. ***(be)***

c. Each class ______ a form teacher who they ___ every day ***(have, see)***

d. The bell ______ at the end of each period. Period ______ another word for lesson. ***(ring, be)***

e. The school day mostly ______ at around 3.00pm or 4.00pm. ***(end)***

7. Ergänze die Lücken mit der passenden Verbform. Denke daran, wie sich das -y hier verhält!

I, you, we, they	he/she/it
buy	
carry	
try	
cry	
enjoy	
study	
play	
hurry	

8. Die folgenden Verben werden im Simple Present in der 3. Person Singular entweder mit -s oder mit -es gebildet. Ordne sie in die richtige Spalte ein.

talk watch wash live do play go buy push put

Mit **-s**	Mit **-es**
______	______
______	______
______	______
______	______
______	______

9. Vervollständige diese Sätze, indem Du die richtige Verbform im Simple Present auswählst. Pass auf, es handelt sich um Modalverben!

a. The children ______ be back home by seven! ***(must/musts/mustn't)***

b. ______ you help me for a moment? ***(Can't/Cans/Can)***

c. He ______ to be more careful in future. ***(must/need/needs)***

d. I'm sorry, I ______ tell you the answer! ***(cant/can't/can)***

e. Tell him that he ______ finish it today. ***(must/musts/needs)***

f. You ______ carry my bag for me. ***(need/mustn't/needn't)***

10. Fülle die Lücken mit der passenden verneinten Verbform. Denk daran, was bei he/she/it immer mit muss!

	to do	**to be**	**to need**
I		am not	
you	don't		needn't
he/she/it			
we		aren't	
you	don't		
they			needn't

11. Diese Buchstabenschlange besteht aus Verbformen im Simple Present und im Simple Past. Unterstreiche nur die Formen im Simple Present!

DIDCANWENTBUYSSAIDOPENTRIEDLOOKSHASWAS

Simple Past

1. Auf die Fragen unten gibt es jeweils nur eine korrekt formulierte Antwort. Kannst Du sie finden und ankreuzen?

A Where did you find it?
a. ☐ I found it behind the sofa.
b. ☐ I finded it in the cupboard.
c. ☐ I fand it under your bed.

B What time did you get up this morning?
a. ☐ I getted up at seven o' clock.
b. ☐ I get up at eight o' clock.
c. ☐ I got up at nine o' clock.

C How did you get here so fast?
a. ☐ I ran all the way.
b. ☐ I runned all the way.
c. ☐ I rand all the way.

D What did you do last night?
a. ☐ We go to the cinema.
b. ☐ We went ice-skating.
c. ☐ We wented into town.

E Where did you meet Sally yesterday?
a. ☐ We met at the bus stop.
b. ☐ We meeted at the school gate.
c. ☐ We metted at the café.

2. Setze die passende Verbform im Simple Past in die Lücken ein. Achtung! Sehr viele dieser Verben verhalten sich unregelmäßig.

Infinitive	Simple Past
play	
hurry	
try	
throw	
eat	

Infinitive	Simple Past
say	
buy	
watch	

3. Lies diese Sätze über eine Klassenfahrt und setze die Verben in die entsprechende Form des Simple Past.

a. We ______ ***(say)*** goodbye to our parents in front of the school.

b. After eight hours in the coach, we ______ ***(arrive)*** in the UK.

c. Our teacher ______ ***(take)*** us to the hotel.

d. In London, we ______ ***(see)*** lots of interesting sights and also ______ ***(go)*** to the theatre one evening.

e. We ______ ***(not meet)*** the Queen, though!

4. Diese Buchstabenschlange besteht aus Verben im Simple Past. Kannst Du sie alle finden?

TOOKDIDSAWWENTTRIEDWASBOUGHTLOSTPLAYEDWONCARRIEDHADPUTMETOPENED

5. Du schreibst eine weitere E-Mail an Deine Brieffreundin in den USA. Wähle die richtigen Verbformen aus.

went didn't was watched know could had looked

Hi there Jane!

Thanks for your reply. I ____________ really pleased you wrote back and that you ____________ understand my English well. To answer your question: no, I ____________ where Minnesota is, but I ____________ on the internet and now I have a good idea. I hope you ____________ a great time at your grandparents' house this weekend. I ____________ skating with some friends and then we ____________ a film together. Do you know how to skate?

Best wishes, Patrick

6. Klasse – Simple Past

1. **Bei welchen dieser Verben musst Du aufpassen, weil sie sich im Simple Past unregelmäßig verhalten? Schreibe die Verben im Simple Past in die richtige Spalte!**

reach teach put smile play think own see look leave earn write

Regelmäßig	Unregelmäßig
____________	____________
____________	____________
____________	____________
____________	____________
____________	____________

2. **Fülle die Lücken mit der passenden Form des Verbs in der 3. Person Singular (he/she/it).**

	Simple Present	Simple Past
grow		
hurry		
buy		
move		
keep		

3. **In den folgenden Sätzen ist jeweils ein Verb nicht in der richtigen Form. Kreuze den falschen Satz an.**

A

a. ☐ I sent you a postcard.
b. ☐ She rang me on my mobile.
c. ☐ She founds my book in her room.

B

a. ☐ I listened to his new song.
b. ☐ I heart all about that.
c. ☐ Did you hear me just now?

C

a. ☐ We forgetted our tickets.
b. ☐ She swam 100 metres.
c. ☐ They showed us their pictures.

D

a. ☐ The town lookt totally empty.
b. ☐ For a city, it smelled quite clean.
c. ☐ The village lost its swimming pool.

4. Wie lauten die Simple Past-Formen dieser verneinten Verben?

a. isn't ________
b. can't ________
c. doesn't go ________
d. aren't ________
e. don't work ________

5. Diese Buchstabenschlange besteht aus Verben im Simple Past. Kannst Du sie alle finden und in der Infinitivform aufschreiben?

MEANTBUILTHUNGGAVEKNEWCAUGHTLEFTSLEPT

a. ________________
b. ________________
c. ________________
d. ________________
e. ________________
f. ________________
g. ________________
h. ________________

6. Lies diese Sätze über Musik im letzten halben Jahrhundert und setze die Verben in die entsprechende Form des Simple Past.

a. Rock'n'roll music ______ ***(begin)*** in America in the 1950s.

b. The Beatles ______ ***(be)*** the first global pop stars.

c. Dance, house and techno music ______ ***(grow)*** out of developments in electronic equipment.

d. Michael Jackson ______ ***(sell)*** more records than any other artist in the twentieth century.

e. In the 1990s, people ______ ***(start)*** to download songs from the internet. The music industry ______ ***(fall)*** into crisis.

f. After starting in New York in the 1980s, rap music ______ ***(become)*** popular across the world.

Present Perfect

1. Du beantwortest eine E-Mail Deiner Brieffreundin aus den USA. Wähle die richtigen Verbformen aus.

taken asked had been bought gone

Hi Jane!

Have you ______ a good week? It was great to read your last e-mail. Since you sent it on Sunday, I have ______ at school and have ______ to football training a few times. I've also ______ up a new hobby – I'm going to learn how to play the guitar! I've even ______ a book of songs to practice, and I've ______ my mum for a guitar for my birthday! What are you going to do this weekend?

Best, Patrick

2. Schreibe diese Verben im Present Perfect in die verneinte Form um. Achte auf die Kurzformen, die sich dabei ergeben.

a. I've gone ____________________

b. She's been ____________________

c. We've seen ____________________

d. He's done ____________________

e. They've eaten ____________________

f. It's taken ____________________

3. Vervollständige diese Sätze, indem Du die richtige Verbform im Present Perfect auswählst.

a. The hot cup has left a stain on the couch. ***(leave/left)***

b. Christine has been to New York twice already. ***(go/been)***

c. Have you heard about Rajesh and Nicky? ***(hear/heard)***

d. What has she done about it, then? ***(has/did)***

e. If you have finished, then you can sit quietly. ***(finish/finished)***

f. Have they really eaten all of the cake already? ***(did/have)***

4. Bilde Sätze aus den vorgegebenen Bruchstücken im Present Perfect. Achte darauf, ob der Satz als Frage formuliert werden soll.

a. David | leave | money | envelope?

Has David left the money in an ~~eve~~ envelope?

b. I | forget | pass on | message.

I have forgotten to pass on the message.

c. Our teacher | not ask | homework | yet.

Our teacher hasn't asked for the homework yet.

d. You | write | exciting story.

You have written an ~~exiti~~ exciting story.

e. She | see | film | already?

Has she seen the film already?

5. Diese Buchstabenschlange besteht aus Verformen. Kannst Du die Past Participles für das Present Perfect finden?

SHOW|TRIED|DID|LOOKED|WENT/GO|FOUND|GROWN|SAW

Simple Past oder Present Perfect?

1. In diesen Sätzen mit unterschiedlichen Vergangenheitsformen sind die Wörter gewaltig durcheinander geraten. Bring sie in die richtige Reihenfolge.

a. film | I | a | great | week | last | saw | .

I saw a great film last week.

b. video | have | a | seen | just | really | funny | I | .

I have just seen a really funny ~~vied~~ video.

c. Turkey | years | two | We | went | ago | to | .

We went to Turkey to two years ago.

d. holiday | India | They | to | have | on | gone | .

They have gone to India on holiday.

e. mouse | caught | We | last | the | month | .

We caught the mouse last month.

f. have | I | already | him | to | talked | .

I have already talked to him.

g. yet | Have | caught | mouse | that | you | ?

Have you caught that mouse yet?

2. Vervollständige diese Sätze, indem Du die richtige Form des Verbes und die passende Zeit (entweder Simple Past oder Present Perfect) auswählst.

A Last night, I ______ a really funny video on the internet.

a. ☐ finded

b. ☐ have found

c. ☐ found

B He ______ several tournaments this year.

a. ☐ won.

b. ☐ has wonned.

c. ☐ has won.

C She ______ for America last week.

a. ☐ left

b. ☐ has left

c. ☐ leaved

D I ______ a bit lazy so far this year.

a. ☐ have been

b. ☐ was

c. ☐ am

E Look how her dog ______ since last time!

a. ☐ grew

b. ☐ has grewn

c. ☐ has grown

3. Setze die passenden Verbformen in die Lücken und zwar immer in der 3. Person Singular (he/she/it).

	Simple Present	Simple Past	Present Perfect
draw	draws		
eat		ate	
speak			has spoken
swim	swims		
put			has put
forget		forgot	

4. Im Folgenden siehst Du Sätze in drei verschiedenen Zeitformen. Du kennst sie alle, also kannst Du ankreuzen, welche Zeitform im jeweiligen Satz verwendet wurde.

	Simple Present	Simple Past	Present Perfect
a. I have been there.	☐	☐	☐
b. She ate it yesterday.	☐	☐	☐
c. He goes every day.	☐	☐	☐
d. Have you seen it?	☐	☐	☐
e. They give up!	☐	☐	☐
f. I set it up last week.	☐	☐	☐

7. Klasse – Present Progressive

1. Nur eine der drei Antworten zu diesen Fragen im Present Progressive ist korrekt formuliert. Kreuze sie an.

A Where are your family going on holiday?

a. ☐ They are going to Cyprus for two weeks.

b. ☐ They is going to Cyprus for two weeks.

c. ☐ They are go to Cyprus for two weeks.

B What is she doing in there?

a. ☐ She is put on her make-up.

b. ☐ She putting on her make-up.

c. ☐ She is putting on her make-up.

C I'm going to the shops. Who else is coming?

a. ☐ We are!

b. ☐ We come!

c. ☐ We coming!

D Is anyone here not enjoying the film?

a. ☐ I not.

b. ☐ I not enjoying.

c. ☐ I'm not.

E What are you writing about for this project?

a. ☐ We are write about New York.

b. ☐ We are writing about New York.

c. ☐ We is writing about New York.

2. Fülle die Lücken mit einem passenden Verb, um diese Sätze im Present Progressive zu vervollständigen. Achtung! Bei einigen gibt es mehrere mögliche Antworten, aber bei anderen passt nur eine.

leaving talking looking getting
speaking going chatting going are playing

a. I am ______________ him on the phone right now.

b. What ______________ you looking for in there?

c. Which rules are we ______________ by?

d. I am really ______________ forward to it.

e. She is ______________ used to her new school.

f. They are ______________ on holiday tomorrow

3. Fülle die Lücken mit der passenden Verbform in der 3. Person Singular.

Simple Present	Present Progressive	Simple Past	Present Perfect
	is doing		
		caught	
goes			
			has fried
		threw	
	is being		

4. In diesem Wortgitter sind zehn Present Participles versteckt. Kannst Du sie alle finden? Achtung! Die Wörter können auch rückwärts stehen.

G	N	I	W	O	R	G	N	I	T
N	E	R	O	F	H	N	E	N	R
I	T	H	R	O	W	I	N	G	A
O	N	A	R	E	A	T	E	N	V
G	N	I	Y	R	T	T	N	I	E
I	G	N	I	I	I	E	I	T	L
V	I	Q	N	N	N	G	G	T	L
I	N	U	G	G	G	R	G	E	I
N	I	E	A	E	N	O	N	G	N
G	N	I	D	N	I	F	I	N	G

5. Du schreibst eine E-Mail an Deine Brieffreundin in den USA. Ergänze die Lücken mit den passenden Present Participle-Formen der folgenden Verben.

look leave do (2x) work go

Hey Jane!

How are you ___________ ? It's going to be a short e-mail this week because I'm ___________ on holiday tomorrow and I haven't packed yet. What are you ___________ this summer? Are you ___________ anywhere? Are you still ___________ for a summer job or have you found one already? Is your brother still ___________ at the ice-cream parlour? Maybe he can get you a job there?

See ya, Patrick

6. Auf diese Fragen gibt es jeweils nur eine passend formulierte Antwort. Kreuze sie an.

A Where are you going tonight?
a. ☐ I go to the cinema with friends.
b. ☐ I'm going to the cinema with friends.
c. ☐ I will go to the cinema with friends.

B Which school do they go to?
a. ☐ They go to Fulchester Girls' School.
b. ☐ They are going to Fulchester Girls' School.
c. ☐ They will go to Fulchester Girls' School.

C Is he watching TV again?
a. ☐ No, he reads a book instead!
b. ☐ No, he will read a book instead!
c. ☐ No, he is reading a book instead!

D What do you usually do on Saturdays?
a. ☐ I go into town and meet friends.
b. ☐ I am going into town and meeting friends.
c. ☐ I will go into town and meet friends.

E How are you feeling?

a. ☐ I am very upset.

b. ☐ I am being very upset.

c. ☐ I will be very upset.

Future tenses

1. Lies den Text durch, unterstreiche die fehlerhaften Futur-Formen und schreibe die richtige Form darunter.

The plan for next week's class trip to London is as follows. We will all meeting at

the airport at 7.00am for check-in at 8.00am. If anyone goes to be late (e.g. due

to traffic), they need to call Mr. Thompson. We are due in London at 9.00am

and will spend the first day sightseeing. There wont be any time to check into

the hotel until the evening, so everyone will needs to pack as little as possible.

Mr. Thompson is going try and find a place to leave luggage, however, before

next week.

2. Diese Sätze mit Verben in den Futur-Formen sind durcheinander geraten: Bring die einzelnen Wörter in die richtige Reihenfolge. Wichtig ist, ob der Satz mit dem Will-Future oder dem Going to-Future gebildet wird und ob eine Frage gestellt wird.

a. will | She | in | a | be | few | eighteen | years | .

b. afternoon | going | this | he| play | football | is | to | .

c. 10 minutes | the | be | at | will | station | in | I | .

____

d. going | out | not | to | Are | come | you | ?

____

e. more | it | Will | be | not | difficult | ?

____

f. it | Isn't | going | finish | he | to | ?

____

3. Bilde vollständige Sätze im Will-Future. Achte darauf, ob es sich um eine Frage handelt.

a.

Dad	go	supermarket	tomorrow

____

b.

I	not	forget	pass on	message.

____

c.

You	be	party	Friday?

____

d.

She	give	key	when	you	arrive.

____

e.

He	play	match	next week?

____

4. Ergänze die Lücken mit dem passenden Verb oder Hilfsverb. Vergiss nicht, wo nötig, die richtige Futur-Form zu bilden.

go won't be will (2x) leave

a. ______ you going to the party this evening?

b. My sister ______ be in India for one year.

c. The train ______ at 4pm, so we meet at 3.30.

d. What is she ______ to do while he's away?

e. Just listen! Why______ you let me explain?

f. In twenty years, most cars ______ be electric.

Past tenses

1. Um welche Vergangenheitsform handelt es sich jeweils bei den folgenden Sätzen? Kreuze an.

	Past	Present	Future
a. He has tried.	☐	☐	☐
b. It is turning.	☐	☐	☐
c. You played.	☐	☐	☐
d. She will dream.	☐	☐	☐
e. I am going to go.	☐	☐	☐
f. They were going.	☐	☐	☐
g. I have had.	☐	☐	☐
h. They are going.	☐	☐	☐
i. It fell.	☐	☐	☐

2. Diese Fragen und Antworten sind durcheinander geraten. Ordne die passenden Fragen und Antworten einander zu.

A Did she go to school yesterday?
B Have you seen him recently?
C Were you leaving as I came in?
D But you did tell him, didn't you?
E Did the train arrive on time?

a. Yes, I did.
b. No, she didn't.
c. No, it didn't.
d. Yes, I have.
e. No, I wasn't.

3. In diesem Kreuzworträtsel geht es darum, die korrekte Vergangenheitsform einzutragen: Du siehst schon einmal den Infinitiv und den Hinweis, um welche Form es sich handelt.

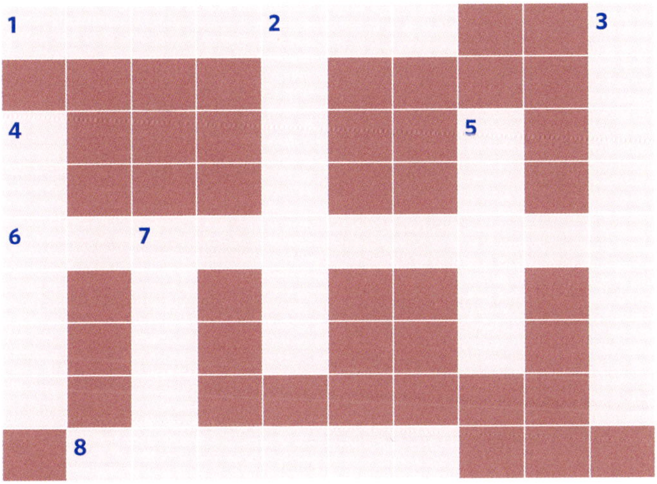

Across →

1. rewrite (simple past)
6. understand (simple past)
8. undo (past participle)

Down ↓

2. outgrow (simple past)
3. withdraw (simple past)
4. teach (past participle)
5. grow (past participle)
7. draw (past participle)

8. Klasse – Past Progressive

1. Sowohl das Present Perfect und das Past Perfect als auch das Present Progressive und Past Progressive werden mit Partizipien gebildet. Welche Participles liegen hier vor?

looking shown travelled being eaten
underlined creating waiting selecting chosen

Present Participle	Past Participle
__________	__________
__________	__________
__________	__________
__________	__________
__________	__________

2. Ergänze die Lücken mit der passenden Form des Past Progressives.

	you	he/she/it
a. be		
b. eat		
c. forget		
d. discuss		

3. Für die folgenden Fragen siehst Du drei Antworten. Alle sind grammatisch korrekt, aber nur eine passt zeitlich zur Frage. Kreuze die richtige Antwort an.

A What were you doing when the phone rang?
a. ☐ I am reading a magazine.
b. ☐ I read a magazine.
c. ☐ I was reading a magazine.

B Which one were you looking for?
a. ☐ I look for the red one.
b. ☐ I have looked for the red one.
c. ☐ I was looking for the red one.

C What were you being asked to do?
a. ☐ We were being asked to download a file.
b. ☐ We were asking to download a file.
c. ☐ We have been asked to download a file.

D Who was rehearsing here when I came in?
a. ☐ It was my friend's band that rehearsed.
b. ☐ It is my friend's band that has been rehearsing.
c. ☐ It is my friend's band that was rehearsing.

E What else was happening in 2010?
a. ☐ A football World Cup has been held.
b. ☐ A football World Cup was being held.
c. ☐ A football World Cup is being held.

4. Wie lauten diese verneinten Verben im Past Progressive? Benutze die Kurzformen.

a. It isn't ____________

b. He didn't ____________

c. We haven't eaten ____________

d. I haven't been asked ____________

Past Perfect

1. Diese Sätze mit Verben im Past Perfect sind durcheinander geraten. Bringe die einzelnen Wörter in die richtige Reihenfolge.

a. I | had | one | had | a | before | all | They | got | slice of cake | .

____

b. heard | I | you | you | Had | news | before | already | told | the | ?

____

c. a call | when | just | gave | come | had | you | in | me | I | .

____

d. already | had | arrived | By the time| they | we | , | left | .

____

e. Didn't | flown | that | never | before | had | you | realise | she | ?

____

f. had | weren't| eaten | because | we | lunch | just | hungry | We | .

____

g. watched | you | it | Hadn't | film | before | we | the | seen | ?

____

Present Perfect Progressive

1. Ergänze die Lücken. Manchmal gibt es zwei oder drei mögliche Antworten, manchmal nur eine.

trying has not going been worrying have
asking hasn't working Hasn talking have has

a. I __________ been doing my homework all afternoon.

b. Where have you __________ hiding all this time?

c. Her teacher has been __________ about her recently.

d. I've been __________ to the same school for the last three years.

e. __________ they been playing football again?

f. David says she __________ been having piano lessons.

g. He has been __________ so hard this term.

h. __________ 't she been enjoying herself then?

2. Du beantwortest eine E-Mail Deiner amerikanischen Brieffreundin. Ergänze die Lücken.

painting I've have moving been doing

Hey Jane!

Sorry it has taken me so long to reply: I've __________ working really hard for the next set of exams at school. What have you been __________ over the last few weeks? __________ also been helping my parents to repaint downstairs – we have been __________ furniture from room to room and __________ every evening for over a week now – and we still haven't finished!

What __________ you been reading recently? I finished the book you recommended me, but it took me a long time!

Best, Patrick

3. Lies diese Sätze über die Auswirkungen des Internets und setze die Verben in die entsprechende Form des Present Perfect Progressive.

a. The internet ____________ ***(change)*** our society for over twenty years now.

b. Social networking sites ____________ ***(grow)*** fast since 2005.

c. Older kinds of media like newspapers and televsion ____________ ***(struggle)*** to keep up with recent changes.

d. Internet search engines ____________ ***(expand)*** their capacity non-stop over the last decade.

e. Some academics at top universities ____________ ***(study)*** the effects of new technology, but do not have clear results yet.

f. Young people across the world ____________ ***(use)*** the internet to exchange ideas and learn more about each other.

4. Schreibe diese Verben in die verneinte Form des Present Perfect Progressive um. Benutze die Kurzformen, die sich dabei ergeben.

a. I go ______________________

b. They make ______________________

c. She leaves ______________________

d. We choose ______________________

e. He informs ______________________

f. It develops ______________________

Conditional

1. Hier sind die Satzanfänge und -enden durcheinander geraten. Kannst Du die passenden Satzteile miteinander verbinden?

A	If I asked you,	**a.**	I'm going to buy a Ferrari!
B	If he rings,	**b.**	I'll switch on the computer.
C	When I'm rich,	**c.**	would you come with me?
D	If I were rich,	**d.**	I would spend all my money.
E	When I get home,	**e.**	will you pick up for me?

2. Ergänze die Lücken mit der jeweils passenden Form. Bei einigen – aber nicht allen – Sätzen benötigst Du das Conditional.

a. If I ____________ ***(can)***, I would go on holiday every year.

b. I ____________ ***(go)*** on holiday this summer if I can.

c. What would you say if I ____________ ***(tell)*** you that she's coming tonight?

d. When they arrive, I ____________ ***(meet)*** them at the station and then we ______ all ______ ***(go)*** to a restaurant.

e. If it ____________ ***(not be)*** so cold, I would go out for a run.

f. What ______ you ______ ***(say)*** in the speech if you were me?

g. Whenever he is allowed, he ____________ to the shops.

h. If he ____________ ***(be allowed)***, he would go to the shops more often.

i. I would do it if I ____________ ***(must/have to)***, of course!

Passive

1. Vervollständige diese Sätze mit der richtigen Verbform im Passive. Achte dabei auf Zeitangaben.

a. Yesterday, I __________ told two important secrets by two different people! ***(was/have been)***

b. Last year, she __________ given her birthday presents until her party two weeks afterwards! ***(wasn't being/wasn't)***

c. As I came in, he __________ asked about the whole thing. Then everything went quiet! ***(was/was being)***

d. Do you know when they __________ the prize? ***(are going to be awarded/ are going to award)***

e. If they found out, __________ disqualified from the competition? ***(will you be/would you be)***

f. I __________ bullied for two years now and I'm sick of it! ***(have been/have been being)***

**2. Diese Sätze sind durcheinander geraten.
Verbinde die passenden Fragen und Antworten.**

A	Was she given any help?	**a.**	No, it wasn't.
B	Isn't he being entered?	**b.**	It may be.
C	Hadn't he been told about it?	**c.**	No, he hadn't.
D	Wasn't it being talked about?	**d.**	Yes, she was.
E	Is it made using a machine?	**e.**	No, he isn't.

3. Bilde vollständige Sätze im Passive in der jeweils vorgegebenen Zeitform.

a. You | offer | fantastic opportunity ***(present continuous)***

____

b. His efforts | never | forget ***(past simple)***

____

c. We | ask | fill in | questionnaire ***(present perfect)***

____

d. They | already | beaten | once | other side ***(past perfect)***

____

e. The house | search | after the break-in ***(past continuous)***

____

4. Ergänze die Lücke mit dem passenden Verb. Achte darauf, in welcher Zeitform der erste Satzteil geschrieben ist.

a. If I go, then you two __________ left alone all night.

b. He says that, if you go, you __________ awarded a prize!

c. If you __________ contacted by the police, would you tell them anything about it?

d. If you were asked to participate in a survey, __________ you?.

e. __________ you be told about it when it happens?

f. If you had a million pounds, you __________ asked for money more often!

9. Klasse – Past tenses

1. Eine der drei Antworten zu diesen Fragen ist nicht korrekt. Entweder handelt es sich um eine falsche Formulierung oder um eine falsch verwendete Vergangenheitsform. Kreuze sie an.

A Did you read a lot as a child?
a. ☐ Yes, I used to read a lot.
b. ☐ Yes, I read a lot of comics.
c. ☐ Yes, I got used to read.

B Have you ever been to Blackpool?
a. ☐ No, I've never been there.
b. ☐ Yes, we used to go all the time when I was young.
c. ☐ Yes, I was going all the time as a child.

C Who used to pick you up from school?
a. ☐ My mother used to picked me up.
b. ☐ Sometimes, my grandmother would pick me up.
c. ☐ My mother always picked me up.

D What was your favourite toy as a child?
a. ☐ I used to love my old teddy bear.
b. ☐ My rocking horse got used to be my favourite.
c. ☐ Without a doubt my xylophone. I played with it all the time

E Where did she and her family live before they moved here?
a. ☐ They lived in Lancashire before they moved.
b. ☐ Her family used to live in Sunderland.
c. ☐ They have lived in Liverpool before they moved.

2. Ergänze die Lücken mit der passenden Form des Past Perfect Progressive.

a. go ______________________

b. think ______________________

c. try ______________________

d. steal ______________________

e. forecast ______________________

3. Ergänze die Lücke mit dem passenden Verb oder Hilfsverb. Manchmal gibt es zwei oder drei mögliche Antworten, manchmal nur eine.

worrying playing have Hadn talking
had been asking going

a. I _______ been reading the book for weeks before I remembered it was late at the library!

b. She had _______ running for over an hour when she came back in, red and out of breath.

c. Despite what they said, I know they had been _______ about him before I came in.

d. I'd been _______ to the same school for four years before my parents and I moved town.

e. When they arrived, we _______ been dancing for three hours.

f. _______'t she been getting good marks all of that term?

g. You said they had been _______ football all week before they went to the tournament.

4. Diese Sätze mit Verben in verschiedenen Vergangenheitsformen sind durcheinander geraten. Bringe die Wörter wieder in die richtige Reihenfolge.

a. all | told | away | that | you | me | been | had | on holiday | week Daniel | .

____

b. doing | been | has | telling | She | lies | about | is | she | what | everyone | .

____

c. Craig | the party | that | coming | weren't | you | heard | to | .

____

d. with | have | he | told | that | work | is | trouble | having | I | the | been.

____

e. that | the exams | been | you | worrying | The teacher | had | about | heard | .

____

f. been | were | that | losing | the team | had | told | We | its best players | .

____

g. then | had | by | for | with | her | I | half an hour | been | chatting |.

____

h. hours | had | got | scratching | the sofa | for | been | when | we back | My cat |.

____

5. Schreibe diese verneinten Verben ins Past Perfect Progressive um. Benutze dabei die Kurzformen.

a. He isn't _______________

b. He didn't _______________

c. We haven't taken _______________

d. I hadn't had _______________

6. Handelt es sich bei den Verbformen im Kasten um Aktiv- oder Passivformen? Schreibe sie zuerst in die zutreffende Spalte. Wandle sie dann in die andere Form um.

a. I have been offered	**e.** She had been given
b. It was losing	**f.** She had offended
c. They have been looking after	**g.** We are leaving
d. They were told	**h.** I was being beaten

Active	Passive
_______________	_______________
_______________	_______________
_______________	_______________
_______________	_______________

7. Du schreibst eine E-Mail an Deine Brieffreundin in den USA. Ergänze die Lücken.

had have planning wrote did guessing saw drove been happened going couldn't were revising

Hey Jane!

How ____________ your exams go? It's ____________ a while since you last ____________, so I'm ____________ that you ____________ been working hard. I have some exams soon, too, so I have been ____________ every day.

Last week something funny ____________ to me. I ____________ been ____________ to football training every Saturday for months, but I ____________ make it last weekend because we ____________ going to my grandparents for the weekend. As we ____________ into the town where they live, I ____________ my football trainer's car: it turns out he was visiting his parents there and had been ____________ to call off training anyway!

Write back soon.

Best, Patrick

8. Was verbirgt sich hinter diesen Buchstabensalaten? Kleiner Tipp: Es sind Partizipien! Schreibe sie zuerst in die erste Lücke. Schreibe dann in die zweite Lücke, ob es sich um ein Present Participle (PR) oder ein Past Participle (PA) handelt.

o d o t u n s r e d		
s i g n c u s s i d		
g i n t i v i n		
g o r f o t e n t		
t a l v e d l e r		

9. Verbinde diese Modal Verbs mit ihren Vergangenheitsformen.

		a.	wanted
A	can	**b.**	have been able to
B	must	**c.**	had to
C	should	**d.**	was able to
D	want	**e.**	have had to
		f.	was supposed

Conditional and Future

1. Ergänze die Lücken in diesen Conditional-Sätzen mit der passenden Form.

a. I ___ love to come, but I can't make it. ***(would/could)***

b. You ___ know where to buy one, would you? ***(wouldn't/couldn't)***

c. ___ you help me with these bags, please? ***(Should/Could)***

d. If you could have any car, which one ___ you take? ***(would/wouldn't)***

e. Are you telling me that you ___ cheat in an exam if you could? ***(wouldn't/ must)***

f. If he ___ me the chance, I would explain what happened to him. ***(gave/gives)***

2. Lies diese Sätze und setze die richtige Form des Going to-Future ein.

a. Enough distractions! I ___________ to start work now.

b. You told me you ___________ to look at it before Monday.

c. He ___________ to go to London yesterday, but then he had time – so he did.

d. Did I already tell you that I ___________ to make a film with my brother in the holidays?

e. After this accident, it looks like you ___________ to have to be more careful in future.

f. He said they ___________ to play for half and hour.

g. No, I certainly ___________ to let you do that!

h. She wasn't sure if you ___________ to join us this evening.

3. Vervollständige diese Tabelle mit den fehlenden Formen dieser Modal Verbs.

	Conditional	Future	Going to-Future
want			going to want
can	would be able to		
must		will have to	

4. Diese Fragen und Antworten sind durcheinander geraten. Ordne die Reaktionen rechts den passenden Fragen und Behauptungen zu.

A I wouldn't know how!
B Will he be coming with you?
C Didn't he want to do it?
D Wouldn't he be prepared to help?
E I could definitely be of use.
F Won't she be coming with you?

a. Could you?
b. Wouldn't you?
c. Yes, she will.
d. No, he won't.
e. No, he didn't.
f. No, he wouldn't.

5. Du beantwortest eine E-Mail Deiner amerikanischen Brieffreundin. Ergänze die Lücken.

would sitting do going find went wouldn't could be

Hi there Jane!

Great to hear from you. I'm so glad your exams ________ well. When ________ you get your results? I'm ________ to be ________ my exams next week, so keep your fingers crossed for me.

On that matter, I was wondering if I ________ ask you a favour? If I ________ you one of my English essays, ________ you ever ________ able to look over it and tell me if you ________ any mistakes? I hope that ________ be too much trouble!

Best, Patrick

10. Klasse – Past tenses

1. Handelt es sich in diesen Sätzen um Past Perfect oder um Past Perfect Progressive? Ergänze die Lücken mit den passenden Hilfsverben. Achtung! Bei einigen Sätzen gibt es mehrere Möglichkeiten, bei anderen dafür nur eine.

a. I ________ travelling since last week and I am so tired!

b. ________ you painted the whole room in just one day?

c. Have you ________ painting this room all day?

d. They ________ complaining about the situation for months now.

e. He ________ to her a few times on the phone.

f. They've ________ on the phone every night for at least a week.

g. What ________ he been doing all this time?

h. What ________ you done today, then?

2. Ergänze die Lücken mit den entsprechenden Verbformen.

	Simple Past	Past Participle
bid		
swear		
upset		
light		
weave		

3. Zu den Fragen unten gibt es jeweils ein passendes Question Tag. Kreuze das richtige an.

A It has been agreed on, ...

a. ☐ hadn't it?

b. ☐ wasn't it?

c. ☐ hasn't it?

B But he went last year, ...
a. ☐ doesn't he?
b. ☐ didn't he?
c. ☐ wasn't he?

C You did finish it though, ...
a. ☐ didn't you?
b. ☐ did you?
c. ☐ haven't you?

D He hadn't been behaving oddly, ...
a. ☐ hadn't he?
b. ☐ was he?
c. ☐ had he?

E She wasn't causing too much trouble, ...
a. ☐ wasn't she?
b. ☐ hadn't she?
c. ☐ was she?

4. Setze diese Sätze in die jeweils passende Vergangenheitsform.

a. He thinks he is going to find it there.

____

b. She hasn't been going out much.

____

c. The man who is sitting at the back of the room bids ten thousand!

____

d. I swear I will find him.

____

e. You are looking like you need a long break.

____

5. In diesen Sätzen sind die Verben durcheinander geraten. Kannst Du sie wiederherstellen? Denke daran, dass aus den Buchstaben bis zu drei Einzelteile hervorgehen können und dass Du manchmal Apostrophen setzen musst!

a. I ________________ ***(gaigswon)*** to throw a party after he arrived.

b. It seemed that he ________________ ***(beanheglydin)*** to everyone for years.

c. I ________________ always ________________ ***(anhuddwet)*** to see London from above, so I was really excited about going up the tower.

d. Look how much he ________________ ***(wasgrohn)*** since last time!

e. We ________________ ***(kiveebenhloaong)*** at all kinds of different colleges for next year.

Future tenses

1. Setze diese Verben ins Future II um. Benutze die Kurzformen.

a. I will go ____________

b. You will not see ____________

c. It will grow ____________

d. She will forgive ____________

e. They will not try ____________

f. We will understand ____________

2. Vervollständige diese Sätze mit der korrekten Form des Verbes im Future II.

a. Hurry up, or the sun ________________ ***(go down)*** by the time we get to the beach!

b. I know what she's like: she ________________ ***(change)*** her mind before the end of the evening.

c. If there's one thing you can be sure of, it's that he _______________ ***(not leave)*** by the end of the week!

d. It's hard to believe that in one year, I'll be in California - and _______________ ***(travel)*** across the whole USA to get there!

e. At this rate, the election _______________ ***(decide)*** before the televised debate.

f. When we move, our dog _______________ ***(live)*** in three houses.

3. Ergänze die Lücken im Text mit den passenden Zukunftsformen im Kasten.

will have read
will have travelled
won't have done
will find
was going to come
am going to finish
won't worry
will go out

a. Tomorrow, I _______________ my homework before I log on to social networking sites.

b. You know what? I think I _______________ this evenin**g.** I've got nothing better to do!

c. They _______________ it very difficult to beat the last year's winners.

d. I did not know that he _______________. I thought he had already seen the film.

e. Just think of it! By this time next year, your brother _______________ around the world on his gap year.

f. At this rate, you _______________ even the half of it before she gets back!

g. She _______________ too much about her exams, will she?

h. I promise: I _______________ the whole thing before we next meet.

Conditional tenses

1. Vervollständige diese Conditional-Sätze, indem Du die richtige Verbform auswählst.

a. She ___ have loved to be there, but she couldn't make it. ***(could/would)***

b. If he had ___, he wouldn't have said that. ***(known/knew)***

c. ___ you have had less trouble if you had started earlier? ***(Wouldn't/Could)***

d. If they had offered, would you have ___ the money. ***(keep/taken)***

e. What would you have done if she ___ been there? ***(couldn't/hadn't)***

f. If he ___ given me the chance, I would have explained everything. ***(has/had)***

2. Hier sind die Satzanfänge und -enden durcheinander geraten. Kannst Du sie wieder richtig verbinden?

A If she had asked you,
B If they had offered it,
C If it happened,
D If he had been there
E If we had asked,

a. would you have stayed longer?
b. would you have said yes to her?
c. would you have come with us?
d. would you have accepted?.
e. would you be affected?

3. Eine der Antworten passt nicht zu der jeweiligen Frage: Kreuze sie an.

A What would you do with the money?
a. ☐ I would have spent it all at once.
b. ☐ I would donate it to charity.
c. ☐ I would put it in the bank.

B What would you have done without your bike?
a. ☐ I would have had to walk.
b. ☐ I would have to walk.
c. ☐ I would have taken the bus.

C What would he say about it?
a. ☐ I don't know what he'd say – and I don't care.
b. ☐ I'm not sure what he'd say. He'd probably be annoyed.
c. ☐ I think he would have been furious.

D What would she have done if she had known?

a. ☐ She would be very upset by it.

b. ☐ She would have gone straight over there!

c. ☐ She wouldn't have gone to the party, that's for sure.

E How stupid! Why did they do that?

a. ☐ What else could they have done?

b. ☐ I don't know why – because there was no other choice?

c. ☐ What else would they have done?

F Had you been able to help, would you have?

a. ☐ Yes, I certainly would have.

b. ☐ Yes, I certainly would.

c. ☐ Had I been able, yes.

4. Du schreibst wieder einmal eine E-Mail an Deine Brieffreundin in den USA. Ergänze die Lücken.

will tell had swore be ask done having would would got will

Hey Jane!

Thanks for your last message. Since we've known each other for a while, I thought I'd ________ your advice on a moral dilemma I've been ________. Last week, a friend of mine told me she ________ been having problems with depression, but asked me not to tell anyone. But I was so worried about her that I told our school counsellor, although I ________ her to confidentiality.

Do you think I was wrong to tell? What ________ you have ________ in my situation? Imagine your best friend told you she was really unhappy: ________ you ________ someone who could help her? It would ________ great to hear what you think about this!

Also, I just realised that our school exchange is coming up. In fact, in just three months time, I ________ have ________ my visa and be ready to pack my bags! How strange to think that we ________ finally meet face to face...

Best, Patrick

Oberstufe – Subjunctive

1. Ergänze die Lücken. Viele (aber nicht alle) Sätze beinhalten ein Verb im Subjunctive.

look
were
weren't
was
were
be
had
was

a. If I ________ you, I would be very careful!

b. If she ________ the money, don't you think she'd help?

c. If only he ________ here now!

d. If I ________ interested, I used to keep watching for a bit.

e. If she ________ in town, she would always come over.

f. I am going to have to ask that your parents ________ informed.

g. If I ________ able to come, would you fill in for me?

h. We'll have to request that he ________ through it again.

2. Ergänze die Lücken mit den passenden Formen.

He ____________	that he be	if he ____________
I am	that I ____________	if I ____________
She gives	that she ____________	if she ____________
I ____________	that I have	if I ____________

Past tenses

1. Hier geht es um Erinnerungen an wiederholte Handlungen in der Vergangenheit. Es kommen das Used to-Past und das Conditional zum Einsatz. Ergänze die Lücken.

a. The postman ___________ always come between eleven and twelve, so I ___________ to leave the gate open until lunch time.

b. How odd – you used to take two sugars though, ___________ you?

c. She ___________ to get the bus into town on Sunday mornings.

d. He ___________ never stop long, but he always had time for a chat.

e. Back then, the summers were warmer. We __________ sit on the beach for hours, __________ we, John?

f. What did your favourite subject __________ to be?

2. Verhalten sich die Verben im Kasten im Simple Past regelmäßig oder unregelmäßig oder gibt es zwei Varianten? Schreibe die Simple Past-Formen in die richtige Spalte.

reach quit strike lean tend learn bet wear fight turn spell look

regular	regular/irregular	irregular
__________	__________	__________
__________	__________	__________
__________	__________	__________
__________	__________	__________

3. In diesem Kreuzworträtsel musst Du die korrekte Form des Simple Past einzutragen. Einige Verben verhalten sich unregelmäßig.

Down ↓
1 backslide
2 resend
3 persuade
4 undercut
5 intend

Across →
3 populate
6 light
7 dive
8 dig

4. Vervollständige diese Sätze mit den passenden Vergangenheitsformen.

a. When I came into the room, it was obvious that he ______________ ***(cry)*** for a long time.

b. The police simply did not know whether she ______________ ***(commit)*** a crime.

c. What ______________ ***(you, do)*** all this time, then? Why are you still in your pyjamas?

d. We ______________ ***(cook)*** our dinner when you rang. That's why I ______________ ***(not answer)*** the phone.

e. As it turned out, they ______________ ***(lie)*** to everyone for years: they weren't professional plumbers at all!

f. My grandad ______________ ***(smoke)*** for thirty years when he ______________ ***(quit)***.

5. Schreibe folgende Verben in die verneinte Form um. Benutze die Kurzformen.

a. I had been going ______________________________

b. She has been trying ______________________________

c. You have seen ______________________________

d. It was moving ______________________________

e. They had been looking ______________________________

f. I would have gone ______________________________

Conditional and Future

1. Ergänze die Lücken in diesen Conditional-Sätzen.

a. He would ________________ in the sun by now if the plane hadn't been cancelled. ***(have lain/be lying)***

b. I would ______________ if I had said that I wasn't interested. ***(have lied/have been lying)***

c. She wouldn't ______________ anything if she didn't want to, you know. ***(have said/have been saying)***

d. They will ______________ on Friday. Will you come and watch? ***(play/be playing)***

e. If I do turn up by eight, you won't ______________ too long, will you? ***(wait/have been waiting)***

f. If you'll just ______________ one second, I can pass you over to her. ***(wait/be waiting)***

2. Vervollständige diese Sätze mit der richtigen Form des Modalverbs im Conditional Perfect.

a. It's just what he ______________ ***(want)***.

b. If you hadn't been there, we ______________ ***(not can achieve)*** what we did.

c. If they had come, we ______________ ***(must find)*** a larger room.

3. Die Fragen links und die Question Tags rechts sind durcheinander geraten. Ordne sie wieder einander zu.

A I shouldn't have done that,
B But you wouldn't have had to,
C But you would go if she asked,
D I probably should have apologised,
E I must have forgotten that,
F I haven't had to do much about it,

a. would you?
b. mustn't I?
c. shouldn't I?
d. have I?
e. should I?
f. wouldn't you?

4. Du schreibst erneut eine E-Mail an Deine amerikanische Brieffreundin. Ergänze die Lücken.

will been had going travelling would be need forgotten able have

Hi there Jane!

I thought the e-mail I wrote you last week ______________ be the last one before I left, but I realised last night that there were a few things I ______________ ______________ to ask you.

Firstly, will I ______________ to bring any adapters, or do you have some? And will we ______________ going skiing? If so, ______________ you be ______________ to lend me some skis? Lastly, you mentioned that we were ______________ to have a look around Denver straight after you pick me up at the airport, but could we change plans? I will ______________ ______________ ______________ for ten hours by then and will probably be very tired! Looking forward to meeting you in person.

Best, Patrick

5. Jeweils eine der drei Antworten zu diesen Fragen ist in ihrer Schreibweise falsch. Kreuze sie an.

A Have you heard the rumours about Marie cheating?

a. ☐ Yes, but she ca'nt have done it, can she?
b. ☐ Yes, but she wouldn't have done it, would she?
c. ☐ No, what do they say she's done?

B What about that concert this weekend?

a. ☐ Sounds great, but I won't be going.
b. ☐ No. Who'll be playing, then?
c. ☐ My sister's got tickets, so well be going.

C What did he say about it?
a. ☐ He said he had'nt heard anything.
b. ☐ He said he'd been worrying about it for a while.
c. ☐ He said he'd think about it for a bit.

D What would you have done, then?
a. ☐ I'd have gone anyway! Why wouldn't I have?
b. ☐ I don't know what I'd have done in her shoes.
c. ☐ I've got no idea what I'd've done.

E When can you finish it by?
a. ☐ I should've finished it by midday.
b. ☐ I wont have got through it until Monday.
c. ☐ I'll have done it before the end of the week.

6. Ergänze die Lücken mit den passenden Formen aus dem Kasten.

would have had to look
would have to look
would be looking
will have been looking
will have looked
would look
will have to look
would have looked

a. As of next week, my parents ____________________ for a new house for two years!

b. She says she ____________________ at it for us by Monday.

c. It was so well hidden that they ____________________ far more carefully to find it.

d. Of course I ____________________ in the cellar if you'd told me it was down there.

e. If I gave you a job, you ____________________ a lot smarter.

f. He ____________________ after her if she gets ill.

g. If I were her, I ____________________ for college course already.

h. It ____________________ great on your CV if you worked there.

Übungen

Abschlusstests

Lösungen

Alphabetische Verbliste E-D/D-E

Abschlusstest 5. Klasse

1. Ergänze die Lücken mit der passenden Verbform.

	be	have	do
I			
you			
he/she/it			
we			
you			
they			

2. Vervollständige diese Sätze, indem du die richtige Form des Verbes im Simple Present in die Lücken schreibst.

a. This week, we ____________ ***(need)*** to buy your school books.

b. I ____________ ***(know)*** David's sister from the athletics club.

c. Who ____________ ***(can)*** help me with this suitcase?

d. He ____________ ***(go)*** to football practice every Saturday.

e. The children ____________ ***(be)*** very loud today, Miss Harris!

d. For breakfast, she ____________ ***(eat)*** three slices of toast.

f. My cats ____________ ***(play)*** in the back garden all day.

3. Ergänze den Text mit den passenden Verben.

is goes want enjoyed saw likes wants went know can looked was

Yesterday, we ____________ to the zoo. We ____________ lions and tigers, and then we ____________ at the gorillas and the monkeys. It ____________ great, and my brother ____________ it too. He ____________ animals and ____________ to the zoo whenever he ____________. When he is older, he ____________ to work with animals – maybe as a zookeeper or a vet. I don't ____________ what I ____________ to do! My favourite subject at school ____________ history.

4. Enden die folgenden Verben im Simple Present in der 3. Person Singular (he/she/it) auf -s oder -ies? Schreibe die entsprechende Form in die richtige Spalte.

say buy carry try cry enjoy study play hurry pay

-s	-ies
______________	______________
______________	______________
______________	______________
______________	______________
______________	______________

5. Lies diese Sätze über Großstädte und setze die Verben in die entsprechende Form des Simple Present.

a. Almost 20 million people ______________ in and around New York. ***(live)***

b. Tokyo ______________ the biggest city in the world. ***(be)***

c. Lots of people ______________ into cities every day to work. ***(travel)***

d. Los Angeles ______________ a real centre like older cities. ***(not have)***

e. A guide is someone who ______________ visitors a city. ***(show)***

f. When a city gets large, it ______________ public transport. ***(need)***

6. Fülle die Lücken mit der richtigen Form des Simple Past.

Infinitve	Simple Past
play	
have	
buy	
try	
make	
see	
say	
watch	

Infinitve	Simple Past
do	
think	
wash	
break	

7. Ergänze die Lücken mit der verneinten Form der 1. Person Singular, jeweils im Simple Present und im Simple Past. Benutze die Kürzungen, die sich dabei ergeben.

Infinitve	Present	Past
talk	I	I
cry	I	I
be	I	I
see	I	I
do	I	I
watch	I	I

8. Schreibe diesen Text zu Ende, indem du die Lücken ergänzt. Jede Lücke ist vom jeweils ersten und letzten Buchstaben der Verbform umrahmt.

Last week, my teacher ***t__________d*** *me that we had to do a project about school life in the UK. I* ***d__________t k__________w*** *which topic to choose, so I* ***a__________d*** *a friend of mine if we could work together. We* ***ch__________e*** *to find out about school uniform. I* ***f__________d*** *a lot of information about it on the internet and* ***w__________e*** *it down. But my friend* ***d__________t*** *find anything, so we* ***d__________t h__________e*** *much to talk about the next day.*

Abschlusstest 6. Klasse

1. Ergänze die Lücken mit der passenden Verbform in der 3. Person Singular.

	Simple Present	Simple Past	Present Perfect
throw			
drink			
speak			
run			
let			
stand			

2. Welche der beiden Present Perfect-Formen passt hier? Kreise sie ein.

a. You've ***(been/were)*** out too late all week!

b. Her brother has already ***(leave/left)*** for university.

c. Have you ***(rang/called)*** Greg about tomorrow yet?

d. What ***(have/did)*** you done about this? Nothing?

e. When you have ***(ate/eaten)*** your vegetables, you can have some chocolate.

f. ***(Have/Has)*** she really been chosen to play in the team?

3. Schreibe diese Verben in der Negativform ins Present Perfect um. Benutze dabei die gängigen Kurzformen.

a. He isn't ______________________

b. She doesn't look ______________________

c. I don't go ______________________

d. You aren't ______________________

e. They don't ______________________

f. We don't see ______________________

Setze nun diese Verben, ebenfalls verneint, ins Simple Past. Verwende die Kurzformen.

a. ______________________

b. ______________________

c. ______________________

d. ______________________

e. ______________________

f. ______________________

4. Bei den folgenden Verben fehlen die Apostrophen und die Leerzeichen. Zeichne sie ein. ***(Setze für das Leerzeichen einen senkrechten Strich)***

a. w e w e r e n t

b. y o u c a n t

c. y o u a r e n t

d. h e d i d n t

e. t h e y h a v e n t

f. w e v e b e e n

g. I v e d o n e

h. s h e w a s n t

5. Welche dieser Verben stehen im Simple Past und bei welchen handelt es sich um Partizipien für das Present Perfect? Schreibe sie in die entsprechende Spalte.

came grown showed took rung spoken swam written flew fallen

Simple Past	Present Perfect
______	______
______	______
______	______
______	______
______	______

6. Trage die Verbformen aus der vorherigen Aufgabe nun in die Tabelle ein und ergänze sie um die fehlenden Formen.

Infinitive	Simple Past	Past Participle.

7. Vervollständige diese Sätze mit den passenden Zeitformen. Benutze die Kurzformen, wo sie sich ergeben.

a. Last year we ________________ about the Greeks and Romans in history lessons. ***(learn)***

b. But we ________________ grandma twice this week! ***(already visited)***

c. ________________ your homework for tomorrow? ***(you, not do)***

d. To get this badge, I ________________ 1.00 metres last week and have to ________________ another 5.00 this week. ***(swim)***

e. I ________________ all about that from Lisa at the party on Sunday. ***(hear)***

f. Over the last few years, things ________________ a lot at this school. ***(change)***

8. Wandle folgende Sätze in Fragen um und benutze gegebenenfalls Kurzformen

a. They have all gone to the shops.

____ ?

b. We didn't go to London last week.

____ ?

c. She hasn't been to Paris before.

____ ?

d. We rang Thomas earlier this evening.

____ ?

Abschlusstest 7. Klasse

1. Ergänze die Lücken mit der entsprechenden Form im Present Progressive.

	be	go
I		
you		
he/she/it		
we		
you		
they		

2. Vervollständige diese Sätze mit der richtigen Präsensform des Verbes.

a. We usually ________________ ***(take out)*** about four or five books.

b. At the moment, I ________________ ***(be)*** not sure about that.

c. She ________________ ***(talk)*** to her mother on the phone right now

d. They ________________ ***(worry)*** about the match this evening.

e. Every week, he ________________ ***(help out)*** at the old people's home.

f. Today, we ________________ ***(clean)*** this place from top to bottom.

g. He ________________ ***(play)*** football tonight, so he can't come

3. Ergänze die Lücken mit der passenden Verbform in der 3. Person Singular.

Simple Present	Present Progressive	Simple Past	Present Perfect
search			
			has taught
	is catching		
grows			
travels			
		put	

4. Vervollständige den Text mit den passenden Verben.

didn't replied want looking said asked am don't promise

"What are you ________________ at?" my teacher ________________ me.

I ________________ know what to reply.

"Nothing... I ________________ looking at my book." I didn't

________________ to say that I was too interested in the view through the window.

"Well, pay attention. You ________________ concentrate hard enough in my lessons," he ________________.

"I ________________ to work harder," I ________________.

5. Ergänze die Lücken mit der richtigen Form im Simple Past.

Infinitve	Simple Past
rise	
burst	
bear	
hold	
freeze	
creep	
lose	
pretend	
cost	
spread	
dive	
slide	

6. Vervollständige diese Sätze, indem du die richtige Vergangenheitsform des Verbes in die Lücke schreibst.

a. I ______________ until the end of this week to find Dad's book. ***(be given)***

b. Last year, he ______________ a lot of trouble getting tickets. ***(have)***

c. It looks like we ______________ all of it – there is none left at all! ***(eat)***

d. I ______________ my homework now, so I'm going out. ***(finish)***

e. The bible says that Jesus ______________ a donkey, not a horse. ***(ride)***

f. It is now official: the prime minister ______________ the election. ***(lose)***

7. Setze die verneinte Verbform ein, jeweils im Present Progressive und im Present Perfect. Benutze die Kurzformen.

Infinitive	Present	Past
built	I	You
make	You	He
hang	We	She
leave	I	You
cancel	They	I
bring	It	I

8. Wandle diese Sätze ins Futur um. Benutze das Will Future und alle Kurzformen, die sich ergeben.

a. I went to Mallorca for a week with my family.

____

b. They play football on Fridays in term time.

____

c. We haven't flown to New York this year.

____

d. You enjoy your school work more.

____

e. He's done all of his homework today!

____

Abschlusstest 8. Klasse

1. Ergänze die Lücken mit der passenden Verbform, immer in der 3. Person Singular (he/she/it).

	Simple Past	Past Progressive
show		
begin		
cut		
forget		
lose		
spend		

2. Welches Hilfsverb ist das richtige? Kreise es ein.

a. I ***(haven't/wasn't)*** following the directions, so I got lost.
b. ***(Have/Were)*** you read the book or not?
c. ***(Did/Have)*** you hear about what happened to Kieran?
d. What ***(were/did)*** you doing in there all that time?
e. They ***(haven't/weren't)*** playing that well until he came on.
f. ***(Haven't/Weren't)*** you been listening to a word I've been saying?

3. Welche dieser Verben stehen im Simple Past und bei welchen handelt es sich um Partizipien? Ordne sie in die entsprechende Spalte ein.

stole shrunk flown bit chosen flew frozen hidden lay beat

Simple Past	Participle
______________	______________
______________	______________
______________	______________
______________	______________
______________	______________

4. Wandle diese Verben, ebenfalls verneint, ins Present Perfect Progressive um. Benutze dabei die Kurzformen.

a. He isn't ______________________________

b. She doesn't see ______________________________

c. I don't ______________________________

d. We aren't ______________________________

e. They don't go ______________________________

f. You don't feel ______________________________

g. It doesn't smell ______________________________

h. I don't travel ______________________________

5. Setze bei den folgenden Verben die Apostrophen und zeichne die Leerzeichen mit einem senkrechten Stich ein, damit sie richtig buchstabiert sind.

a. w e h a d n t d o n e
b. y o u w e r e n t b e i n g
c. y o u a r e n t g o i n g
d. h e d i d n t d o
e. t h e y h a v e n t b e e n s e e i n g
f. s h e d l o o k e d
g. I d b e e n g i v e n
h. i t h a d n t e a t e n

6. Schreibe auf, um welche Zeitform es sich jeweils bei den Verben aus der vorherigen Übung handelt.

a. ______________________________

b. ______________________________

c. ______________________________

d. ______________________________

e. ______________________________

f. ______________________________

g. ______________________________

h. ______________________________

Welche dieser Verbformen steht im Passiv? ___

7. Wandle diese Sätze ins Passiv um.

a. They gave me a prize.

____

b. She has eaten the pizza.

____

c. He had not read the book.

____

d. The orchid was not growing.

____

e. The children will eat the cake.

____

8. Ergänze die Lücken mit den passenden Zeitformen.

a. If I ________________ to Rome, I would have to see the Colosseum. ***(go)***

b. ________________ her if I gave you her number? ***(you, call)***

c. If you had a million pounds, what ________________ it on? ***(you, spend)***

d. I would have gone mad if they ________________. ***(not, show up)***

e. If I ________________ you, I would be very careful of that. ***(be)***

f. ________________ if she heard about the competition? ***(she, enter)***

g. If I wrote a novel, ________________? ***(it, be read)***

Abschlusstest 9. Klasse

1. Setze die gefragten Verbformen ein.

	Simple Past	Past Participle
mistake		
shoot		
tear		
freeze		
blow		
hide		

2. Vervollständige diese Sätze, indem Du die richtige Vergangenheitsform des Verbes in die Lücke schreibst.

a. Legend had it that the samurai always __________ ***(sleep)*** with one eye open.

b. As the train came it, I ______________ ***(look)*** at the arrivals board.

c. I ______________ ***(try)*** to get through to her all afternoon when she finally rang back.

d. They clearly ______________ ***(not think)*** of the consequences before they made that decision.

e. Look how these plants ______________ ***(grow)*** since last week!

f. She ______________ ***(be told)*** all about it by the time I spoke to her.

g. We ______________ ***(paint)*** the room all day and it still wasn't finished.

3. Fülle die Lücken mit der passenden Passivform in der 3. Person Singular.

Past Progressive	Simple Past	Past Perfect
was being eaten		
		had been seen
	was made	
was being given		
was being asked		
	was told	

4. Trage nun die Verben aus der vorherigen Übung in den folgenden Lückentext ein.

a. So he ________________ a prize this evening then. What for?

b. I ________________ that question several times today.

c. According to what they ________________ yesterday, the concert has been postponed until Friday.

d. If current trends continue, in the future all electric cars ________________ in the Far East.

e. By the time the children arrived, the cake ________________. They were very disappointed.

f. Try not to ________________ as you go in!

5. Trage die fehlenden Formen der Modalverben ein. Eines der Verben hat zwei mögliche Formen: schreibe beide auf.

	must	can	want
Simple Past			
Present Perfect			
Will Future			

6. Vervollständige diese Sätze über die Zukunft, indem Du die fehlenden Verbteile in die Lücken schreibst.

a. I will _________ working all summer to earn some pocket money.

b. Why is he _________ to stop playing for the team?

c. Their plans have changed – they _________ be coming until Tuesday.

d. We're not going ________ go anywhere until this house has been cleared up!

e. If I tell you a secret, will you _________ able to keep it?

f. Whatever _________ we going to do without it?

7. Diese Satzstücke sind durcheinander geraten. Verbinde sie, um wieder ganze Sätze herzustellen.

A What would you say
B If he goes to the party,
C If she got a good mark,
D What will you do
E I'd feel much better
F I wouldn't take it

a. I'd be very surprised.
b. if they decide against it?
c. if I were you.
d. I'll be very surprised.
e. if you came with me.
f. if I decided to leave?

8. Schreibe diese verneinten Verben ins Conditional um. Benutze dabei die gängigen Kurzformen.

a. It isn't ____________________

b. They don't watch ____________________

c. We don't ____________________

d. You don't go ____________________

e. They can't ____________________

f. You don't know ____________________

g. She hasn't ____________________

h. I don't want ____________________

Abschlusstest 10. Klasse

1. Setze bei den folgenden Verben die Apostrophen und zeichne die Leerzeichen ein, damit sie richtig buchstabiert sind.

a. w e h a d n t b e e n l o o k i n g
b. t h e y w e r e n t w e a v i n g
c. y o u w o n t b e l e a v i n g
d. h e i s n o t b e i n g t o l d
e. i t w o u l d n t h a v e c h a n g e d
f. s h e w o n t h a v e e a t e n
g. I d o n t b e l i e v e
h. i t h a s b e e n l i t

2. Schreibe auf, in welcher Zeitform die Verben aus der vorherigen Übungen stehen und ob sie active oder passive sind.

a. ____________________

b. ____________________

c. ____________________

d. ____________________

e. ____________________

f. ____________________

g. ____________________

h. ____________________

3. Vervollständige diese Sätze, indem Du die passende Form des Verbs have einsetzt.

a. What __________ you been doing all afternoon? We've just __________ a great time in the park.

b. __________ you already heard of the book before I recommended it to you?

c. Had she been __________ any trouble remembering things?

d. How long will you __________ waited for that package when it finally arrives?

e. __________ a break. You __________ been working without a break for over three hours.

f. It can't __________ been stolen, can it? It was in a locked room!

4. Welche dieser Verben stehen im Simple Past, bei welchen handelt es sich um Partizipien und welche der Formen können beides sein?

run swung risen sawn blew paid left brought lay beat stolen

Simple Past	Simple Past/Participle	Participle
__________	__________	__________
__________	__________	__________
__________	__________	__________
__________	__________	__________

5. Schreibe diese verneinten Verben ins Conditional Perfect um. Benutze dabei die gängigen Kurzformen.

a. He doesn't __________

b. She doesn't intend __________

c. I don't bear __________

d. We aren't __________

e. They don't like __________

f. You don't receive __________

g. It doesn't appear __________

h. I don't mind __________

6. Vervollständige diese Verbtabelle.

Going to	Future I	Future II
going to be	will be	
going to keep	will keep	
going to hit	will hit	
going to wake up	will wake up	
going to bite	will bite	

7. Wandle diese Sätze ins Passiv um benutze dabei die gängigen Kurzformen.

a. The children were chasing the cat.

___

b. The media has been criticising her.

___

c. He will not have read the book.

___

d. It would not have changed him.

___

e. She would have brewed the coffee freshly.

___

8. Fülle die benötigte Form des Verbes in die jeweilige Lücke ein.

a. If I ___ the new dish, would I have enjoyed it? ***(try)***

b. What would you think if you ___ the truth? ***(know)***

c. By the time we get there, the fireworks ___ started ***(start)***

d. If you ___, which one would you pick? ***(can choose)***

e. If I had been there, everything ___ smoothly. ***(go)***

f. What ___ if you had been in my shoes? ***(you, do)***

g. It's a great shame: if this director had lived just a few more months, he ___ his last film masterpiece. ***(finish)***

Abschlusstest Oberstufe

1. Vervollständige diese Sätze, indem Du die Verben im Conditional II oder Conditional II Progressive konjugierst.

a. It ____________________ ***(be)*** great to see you, but we were away.

b. We ____________________ ***(lie)*** in the sun by now if we hadn't missed that flight. If only we ____________________ ***(wake up)*** earlier!

c. She ____________________ ***(want to go)*** to go if she had known about it.

d. He ____________________ ***(can go)*** on the trip to Africa if he had got all his vaccinations done.

e. They ____________________ ***(must pull out)*** of the tournament if the referee had noticed how badly they were cheating.

f. That book ____________________ ***(still, sit)*** on the shelves if it hadn't been for all the press coverage.

2. Fülle die Lücken mit benötigten Verbformen.

	Simple Past	Past Participle
consider		
withhold		
arise		
forbid		
acquire		

3. Auch in diesen Subjunctive-Sätzen fehlen wieder einige Verben. Aus dem Kontext kannst Du entnehmen, welches Wort hier fehlt.

a. God __________ the Queen!

b. If I __________ you, I would be a little more considerate.

c. I am going to have to request that he __________ that information to himself.

d. If only my grandmother __________ still alive today.

e. Heaven __________ us!

f. If it __________ only a matter of money, there would be no problem.

4. Vervollständige diese Sätze über Gewohnheiten in der Vergangenheit mit den Verbteilen im Kasten.

call would take to used called

a. She __________ to have a glass of whisky every Sunday evening.

b. My father __________ always try to pick us up from school.

c. Her parents would __________ her with them on holiday some years, while in others they prefered to travel alone.

d. The local policeman used __________ be a figure of respect.

e. The 9.2.0 to Stockport always __________ at Warrington.

f. She used to __________ him every afternoon for a chat.

5. Trage die fehlenden Formen der Modalverben in die Tabelle ein.

	must	can	want
used to			
Future II			
Conditional II			

6. Vervollständige diese Sätze, indem du die Verben im Future II oder Future II Progressive konjugierst. Benutze dabei sich ergebende Kurzformen in der verneinten Form.

a. At the end of this month, I ________________ ***(looking)*** for a Saturday job for five weeks - and I ________________ ***(find)*** anything!

b. It's hard to imagine, but by this time next year, we ________________ ***(travel)*** for ten whole months.

c. I'm going to offer it to him one more time - he ________________ ***(probably, think)*** it over again by now.

d. What do you think ________________ ***(happen)*** to the world by 2020? Do you think the ice caps ________________ ***(melt)***?

e. Forecasts state that, by the end of the decade, the number of vegetarians ________________ ***(increase)*** continuously for 20 years.

7. Bei diesen Fragen fehlt das abschließende Question Tag. Ergänze es.

a. He can't have forgotten about it, ________________?

b. She won't have forgotten about it, ________________?

c. I shouldn't have opened it, ________________?

d. They will all have read it, though, ________________?

e. However, you would have had to do it, ________________?

f. He hasn't been lying to us for all this time, ________________?

8. Vervollständige den Text mit den passenden Formen der vorgeschlagenen Verben in den Lücken.

*Last year, my friends and I ____________ **(go)** on holiday to Menorca. We ____________ **(plan)** to go to Mallorca, but several of my friends ____________ **(already, be)** there and so we ____________ **(decide)** to try the smaller island. The day before we left, I ____________ **(pack)** my suitcase when my mum ____________ **(tell)** me that she couldn't find my passport! We ____________ **(spend)** hours looking and eventually ____________ **(find)** it, but it was very stressful. In future, ____________ **(make)** sure to know where my passport is so that I ____________ **(can find)** it whenever I ____________ **(need)** it. If I ____________ **(be)** you, I ____________ **(decide)** on a safe place to keep my passport and make sure it's always there. We ____________ **(agree)** to go back next year, so I ____________ **(be)** on the island twice in a little over a year from now.*

Übungen

Abschlusstests

Lösungen

Alphabetische Verbliste E-D/D-E

Lösungen zu den Übungen

5. Klasse

Simple Present

1. Ab, Bb, Ca, Dc, Eb
2. **to be:** are, is, are, are; **to go:** go, goes, go; **to see:** see, sees, see
3. **a.** teaches, **b.** knows, **c.** Are, **d.** don't, **e.** flies, **f.** must
4. write, eats, show, sees, likes, go, does, am, sleep
5. is, am, hope, can, don't, like, are, do, live
6. **a.** begins, **b.** is, **c.** has, see, **d.** rings, is, **e.** ends
7. buys, carries, tries, cries, enjoys, studies, plays, hurries
8. talks, lives, plays, buys, puts; watches, washes, does, goes, pushes
9. **a.** must, **b.** Can't, **c.** needs, **d.** can't, **e.** must, **f.** needn't
10. **to do:** don't, doesn't, don't, don't, **to be:** aren't, isn't, aren't, aren't, **to need:** needn't, needn't, needn't, needn't
11. can, buys, open, looks, has

Simple Past

1. Aa, Bc, Ca, Db, Ea
2. played, hurried, tried, threw, ate, said, bought, watched
3. **a.** said, **b.** arrived, **c.** took, **d.** saw, went, **e.** did not meet/didn't meet
4. took, did, saw, went, tried, was, bought, lost, played, won, carried, had, put, met, opened
5. was, could, didn't, know, looked, had, went, watched

6. Klasse

Simple Past

1. **Regelmäßig:** reached, smiled, played, owned, looked, earned; **Unregelmäßig:** taught, put, thought, saw, left, wrote
2. grows, grew; hurries, hurried; buys, bought; moves, moved; keep, kept
3. Ac, Bb, Ca, Da
4. **a.** wasn't, **b.** couldn't, **c.** didn't go, **d.** weren't, **e.** didn't work
5. **a.** mean, **b.** build, **c.** hang, **d.** give, **e.** know, **f.** catch, **g.** leave, **h.** slept
6. **a.** began, **b.** were, **c.** grew, **d.** sold, **e.** started, **f.** became

Present Perfect

1. had, been, gone, taken, bought, asked
2. **a.** I haven't gone, **b.** she hasn't been, **c.** we haven't seen, **d.** he hasn't done, **e.** they haven't eaten, **f.** it hasn't taken
3. **a.** left, **b.** been, **c.** heard, **d.** has, **e.** finished, **f.** have
4. **a.** Has David left the money in an envelope? **b.** I have forgotten to pass on the message. **c.** Our teacher has not asked for the homework yet. **d.** You have

written an exciting story. **e.** Has she seen the film already?

5. tried, looked, found, grown

Simple Past *oder* Present Perfect?

1. **a.** I saw a great film last week. **b.** I have just seen a really funny video, **c.** We went to Turkey two years ago. **d.** They have gone to India on holiday. **e.** We caught the mouse last month. **f.** I have already talked to him. **g.** Have you caught that mouse yet?
2. Ac, Bc, Ca, Da, Ec
3. drew, has drawn; eats, has eaten; speaks, spoke; swam, has swum; puts, put; forgets, has forgotten
4. **Simple present:** c., e.; **Simple Past:** b., f.; **Present Perfect:** a., d.

7. Klasse

Present Progressive

1. Aa, Bc, Ca, Da, Eb
2. **a.** speaking/talking/chatting, **b.** are, **c.** playing, going, **d.** looking, **e.** getting, **f.** leaving, going
3. *(von links nach rechts und von oben nach unten)* do, did, has done; catches, is catching, has caught; is going, went, has gone; fries, is frying, fried; throws, is throwing, has thrown; is, was, has been
4. growing, throwing, trying, finding, going, giving, worrying, forgetting, getting, travelling
5. doing, leaving, doing, going, looking, working
6. Ab, Ba, Cc, Da, Ea

Future Tenses

1. The plan for next week's class trip to London is as follows. We will all meeting at the airport at
   will all meet
   7.00am for check-in at 8.00am. If anyone goes to be late (e.g. due
   is going to be late
   to traffic), they need to call Mr. Thompson. We are due in London at 9.00am and will spend the first day sightseeing. There wont be
   won't
   any time to check into the hotel until the evening, so everyone will needs to pack as little as
   will need
   possible. Mr. Thompson is going try and find a place to
   is going to try
   leave luggage, however, before next week.
2. **a.** She will be eighteen in a few years. **b.** He is going to play football this afternoon. **c.** I will be at the station in 10 minutes. **d.** Are you not going to come out? **e.** Will it not be more difficult? **f.** Isn't he going to finish it?
3. **a.** Dad will go to the supermarket tomorrow. **b.** I will not/won't forget to pass on the message. **c.** Will you be at the party on Friday? **d.** She will give you the

key when you arrive. **e.** Will he play in the match next week?

4. **a.** Are, **b.** will, **c.** leaves, **d.** going, **e.** won't, **f.** will

Past Tenses

1. **Past:** a., c., f., g., i.; **Present:** b., h.; **Future:** d., e.

2. Ab, Bd, Ce, Da, Ec

3. **1.** rewrote, **2.** outgrew, **3.** withdrew, **4.** teach, **5.** grown, **6.** understood, **7.** drawn, **8.** undone

8. Klasse

Past Progressive

1. **Present Participle**: looking, being, creating, waiting, selecting
Past Participle: shown, travelled, eaten, underlined, chosen

2. **a.** were being, was being; **b.** were eating, was eating; **c.** were forgetting, was forgetting; **d.** were discussing, was discussing

3. Ac, Bc, Ca, Dc, Eb

4. **a.** It wasn't being, **b.** He wasn't doing, **c.** We weren't eating, **d.** I wasn't being asked

Past Perfect

1.a. They had all had a slice of cake before I got one. **b.** Had you already heard the news before I told you? **c.** I had just come in when you gave me a call. **d.** By the time we arrived, they had already left. **e.** Didn't you realise that she had never flown before? **f.** We weren't hungry because we had just eaten lunch. **g.** Hadn't you seen the film before we watched it?

Present Perfect Progressive

1. **a.** have, **b.** been, **c.** asking, talking, worrying, **d.** going, **e.** Have, **f.** has, hasn't, has not, **g.** trying, working, **h.** Hasn

2. been, doing, I've, moving, painting

3. has been changing, have been growing, have been struggling, have been expanding, have been studying, have been using

4. I've not been going, They've not been making, She's not been leaving, We've not been choosing, He's not been informing, It's not been developing

Conditional

1. Ac, Be, Ca, Dd, Eb

2. **a.** could, **b.** will go, **c.** told, **d.** will meet, will go, **e.** were not, **f.** would say, **g.** goes, **h.** were allowed, **i.** had to

Passive

1.a. was, **b.** wasn't, **c.** was being, **d.** are going to be awarded, **e.** would you be, **f.** have been

2. Ad, Be, Cc, Da, Eb

3. **a.** You have been offered a fantastic opportunity. **b.** His efforts were never forgotten. **c.** We have been asked to fill in a questionnaire. **d.** They had already been beaten once by the other side. **e.** The house was being searched after the break-in.

4. **a.** will be, **b.** will be, **c.** were, **d.** would, **e.** Will, **f.** would be

9. Klasse

Past tenses

1. Ac, Bc, Ca, Db, Ec

2. **a.** had been going, **b.** had been thinking, **c.** had been trying, **d.** had been stealing, **e.** had been forecasting

3 **a.** had, **b.** been, **c.** talking, asking, worrying, **d.** going, **e.** had, **f.** Hadn, **g.** playing

4 **a.** Daniel told me that you had been away on holiday all week. **b.** She has been telling everyone lies about what she is doing. **c.** Craig heard that you weren't coming to the party. **d.** I have been told that he is having trouble with the work. **e.** The teacher heard that you had been worrying about the exams. **f.** We were told that the team had been losing its best players. **g.** I had been chatting with her for half an hour by then. **h.** My cat had been scratching the sofa for hours when we got back.

5 **a.** He hadn't been being, **b.** He hadn't been doing, **c.** We hadn't been taking, **d.** I hadn't been having

6. **Active: b.** It was losing → It was being lost, **c.** They have been looking after → They have been being looked after, **f.** She had offended → She had been offended, **g.** We are leaving → We are being left;
Passive: a. I have been offered → I have offered, **d.** They were told → They told, **e.** She had been given → She had given, **h.** I was being beaten → I was beating;

7. did, been, wrote, guessing, have, revising, happened, had, going, couldn't, were, drove, saw, planning

8. understood (PA), discussing (PR), inviting (PR), forgotten (PA), travelled (PA)

9. Ab,d; Bc,e, Cf, Da

Conditional and Future

1. **a.** would, **b.** wouldn't, **c.** Could, **d.** would, **e.** wouldn't, **f.** gave

2. **a.** am going, **b.** were going, **c.** wasn't going, **d.** was going, **e.** are going, **f.** were going, **g.** am not going, **h.** were going

3. *(von links nach rechts und von oben nach unten)* would want, will want, will be able to, going to be able to, would have to, going to have to

4. Ab, Bd, Ce, Df, Ea, Fc

5. went, do, going, sitting, could, sent, would, be, find, wouldn't

10. Klasse

Past tenses

1. **a.** have been, **b.** Have, **c.** been, **d.** have been, **e.** has spoken/talked/chatted, **f.** been speaking/talking/chatting, **g.** has, **h.** have
2. *(von links nach rechts und von oben nach unten)* bid, bid; swore, sworn; upset, upset; lit, lit; wove, woven
3. Ac, Bb, Ca, Dc, Ec
4. **a.** He thought he was going to, **b.** She hadn't been going, **c.** who was sitting, bid ten thousand, **d.** I swore I would find, **e.** you were looking like you needed
5. **a.** was going, **b.** had been lying, **c.** had (always) wanted, **d.** has grown, **e.** have been looking

Future tenses

1. **a.** I'll have gone, **b.** You won't have seen, **c.** It'll have grown, **d.** She'll have forgiven, **e.** They won't have tried, **f.** We'll have understood
2. **a.** will have gone down, **b.** will have changed, **c.** will not have left, **d.** will have travelled, **e.** will have been decided, **f.** will have lived
3. **a.** am going to finish, **b.** will go out, **c.** will find, **d.** was going to come, **e.** will have travelled, **f.** won't have done, **g.** won't worry, **h.** will have read

Conditional tenses

1. **a.** would, **b.** known, **c.** Wouldn't, **d.** taken, **e.** hadn't, **f.** had
2. Ab, Bd, Ce, Da, Ec
3. Aa, Bb, Cc, Da, Ec, Fb
4. ask, having, had, swore, would, done, would, tell, be, will, got

Oberstufe

Subjunctive

1. **a.** were, **b.** had, **c.** were, **d.** was, **e.** was, **f.** be, **g.** weren't, **h.** look
2. *(von links nach rechts und von oben nach unten)* is, were; be, were; give, gave; have, had

Past tenses

1. **a.** would, used, **b.** didn't, **c.** used, **d.** would, **e.** would, wouldn't, **f.** used
2. **regular:** reached, tended, turned, looked; **regular/irregular:** leant/leaned, learnt/learned, bet/betted, spell/spelled; **irregular:** quit, struck, wore, fought
3. **Down:** backslid, resent, persuaded, undercut, intended; **Across:** populated, lit, dived, dug
4. **a.** had been crying, **b.** had committed, **c.** have you been doing, were cooking, didn't/did not answer, had been lying, had been smoking, quit.
5. **a.** I hadn't been going, **b.** She hasn't been trying, **c.** You haven't seen, **d.** It wasn't moving, **e.** They hadn't been looking, **f.** I wouldn't have gone

Conditional and Future

1. **a.** be lying, **b.** have been lying, **c.** have said, **d.** be playing, **e.** have been waiting, **f.** wait
2. **a.** would have wanted, **b.** would not have been able to achieve, **c.** would have had to find/to have found
3. Ae, Ba, Cf, Dc, Eb, Fd
4. would, had forgotten, need, be, will able, going, have been travelling
5. Aa, Bc, Ca, Dc, Eb
6. **a.** will have been looking, **b.** will have looked, **c.** would have had to look, **d.** would have looked, **e.** would have to look, **f.** will have to look, **g.** I would be looking, **h.** would look

Lösungen zu den Abschlusstests

Abschlusstest Klasse 5

1. **be**: am, are, is, are, are, are; **have:** have, have, has, have have, have; **do:** do, do, does, do, do, do
2. **a.** need, **b.** know, **c.** can, **d.** goes, **e.** are, **f.** eats, **g.** play
3. went, saw, looked, was, enjoyed, likes, goes, can, wants, know, want, is
4. **-s:** says buys enjoys plays pays; **-ies:** carries tries cries studies hurries
5. **a.** live, **b.** is, **c.** travel, **d.** does not have, **e.** shows, **f.** needs
6. played, had, bought, tried, made, saw, said, watched, did, thought, washed, broke
7. *(von links nach rechts und von oben nach unten)* don't talk, didn't talk; don't cry, didn't cry; am not, wasn't; don't see, didn't see; don't do, didn't do; don't watch, didn't watch
8. told, didn't know, asked, chose, found, wrote, didn't find, didn't have

Abschlusstest Klasse 6

1. *(von links nach rechts und von oben nach unten)* throws, threw, has thrown; drinks, drank, has drunk; speaks, spoke, has spoken; runs, ran, has run; lets, let, has let; stands, stood, has stood
2. **a.** been, **b.** left, **c.** called, **d.** have, **e.** eaten, **f.** Has
3. **Present Perfect: a.** he hasn't been, **b.** she hasn't looked, **c.** I haven't gone, **d.** you haven't been, **e.** they haven't done, **f.** we haven't seen;
   Simple Past: a. he wasn't, **b.** she didn't look, **c.** I didn't go, **d.** you weren't, **e.** they didn't do, **f.** we didn't see;
4. **a.** we weren't, **b.** you can't, **c.** you aren't, **d.** he didn't, **e.** they haven't, **f.** we've been, **g.** I've done, **h.** she wasn't
5. Simple past: came, took, showed, swam, flew; Present perf.: grown, rung, spoken, written, fallen

6. come, came, come; grow, grew, grown; show, showed, shown; take, took, taken; ring, rang, rung; speak, spoke, spoken; swim, swam, swum; write, wrote, written; fly, flew, flown; fall, fell, fallen

7. **a.** learned/learnt, **b.** have already visited, **c.** Haven't you done, **d.** swam, swim, **e.** heard, **f.** have changed

8. **a.** Have they all gone, **b.** Didn't we go, **c.** Hasn't she been, **d.** Didn't we ring

6. **a.** have been given, **b.** had, **c.** have eaten, **d.** have finished, **e.** rode, **f.** has lost

7. *(von links nach rechts und von oben nach unten)* I'm not building, you've not built; You're not making, He hasn't made; We're not hanging, She hasn't hung; I'm not leaving, You haven't left; They're not cancelling, I haven't cancelled; It's not bringing, I haven't brought

8. **a.** I'll go, **b.** They'll play, **c.** We won't, **d.** You'll enjoy, **e.** He'll do

Abschlusstest Klasse 7

1. am being, are being, is being, are being, are being, are being; am going, are going, is going, are going, are going, are going

2. **a.** take out, **b.** am, **c.** is talking, **d.** are worrying, **e.** helps out, **f.** are cleaning, **g.** is playing

3. *(von links nach rechts und von oben nach unten)* is searching, searched, has searched; teaches, is teaching, taught; catches, caught, has caught; is growing, grew, has grown; is travelling, travelled, has travelled; puts, is putting, has put

4. looking, asked, didn't, am, want, don't, said, promise, replied

5. rose, burst, bore, held, froze, crept, lost, pretended, cost, spread, dived, slid

Abschlusstest Klasse 8

1. *(von links nach rechts und von oben nach unten)* showed, was showing; began, was beginning; cut, was cutting; forgot, was forgetting; lost, was losing; spent, was spending

2. **a.** wasn't, **b.** Have, **c.** Did, **d.** were, **e.** weren't, **f.** Haven't

3. **Simple Past:** stole, bit, flew, lay, beat; **Participle:** shrunk, flown, chosen, frozen hidden,

4. **a.** He hasn't been being; **b.** She hasn't been seeing, **c.** I haven't been doing, **d.** We haven't been being, **e.** They haven't been going, **f.** You haven't been feeling, **g.** It hasn't been smelling, **h.** I haven't been travelling

5. **a.** we hadn't done, **b.** you weren't being, **c.** you aren't going, **d.** he didn't do, **e.** they haven't been seeing, **f.** she'd looked, **g.** I'd been given, **h.** it hadn't eaten

6. **a.** Past Perfect, **b.** Past Progressive, **c.** Present Progressive, **d.** Simple Past, **e.** Present Perfect Progressive, **f.** Simple Past, **g.** Past Perfect, **h.** Past Perfect.
   Im Passiv steht die Verbform in Nummer **g**.
7. **a.** I was given a prize by them. **b.** The pizza was eaten by her. **c.** The book hadn't been read by him. **d.** The orchid wasn't being grown. **e.** The cake will be eaten by the children.
8. **a.** went, **b.** Would you call, **c.** would you spend, **d.** had not shown up, **e.** were, **f.** Would she enter, **g.** would it be read

Abschlusstest Klasse 9

1. *(von links nach rechts und von oben nach unten)* mistook, mistaken; shot, shot; tore, torn; froze, frozen; blew, blown; hid, hidden
2. **a.** slept, **b.** was looking, **c.** had been trying, **d.** had not thought, **e.** have grown, **f.** had been told, **g.** had been painting
3. *(von links nach rechts und von oben nach unten)* was eaten, had been eaten; was being seen, was seen; was being made, had been made; was given, had been given; was asked, had been asked; was being told, had been told
4. **a.** is being given/is going to be given, **b.** have been asked, **c.** were told, **d.** will be made, **e.** had been eaten, **f.** be seen
5. *(von oben nach unten und von links nach rechts)* had to, have had to, will have to; could/was able to, have been able to, will be able to; wanted, have wanted, will want
6. **a.** be, **b.** going, **c.** won't, **d.** to, **e.** be, **f.** are
7. Af, Bd, Ca, Db, Ee, Fc
8. **a.** it wouldn't be, **b.** they wouldn't watch, **c.** we wouldn't do, **d.** you wouldn't go, **e.** they would not be able, **f.** you wouldn't know, **g.** she wouldn't have, **h.** I wouldn't want

Abschlusstest Klasse 10

1. **a.** we hadn't been looking, **b.** they weren't weaving, **c.** you won't be leaving, **d.** he is not being told, **e.** it wouldn't have changed, **f.** she won't have eaten, **g.** I don't believe, **h.** it has been lit
2. **a.** Past Perfect Progressive / active; **b.** Past Progressive / active; **c.** Future I Progressive / active; **d.** Present Progressive / passive, **e.** Conditional Past / active; **f.** Future II / active; **g.** Simple Present / active; **h.** Present Perfect / passive
3. **a.** have, had; **b.** Had; **c.** having; **d.** have, **e.** have, have; **f.** have
4. **Simple Past:** blew; lay, beat; **Simple Past/Participle:** swung,

paid, left, brought;
Participle: run, risen, sawn, stolen

5. **a.** He wouldn't have done, **b.** She wouldn't have intended, **c.** I wouldn't have borne, **d.** We wouldn't have been, **e.** They wouldn't have liked, **f.** You wouldn't have received, **g.** It wouldn't have appeared, **h.** I wouldn't have minded

6. will have been, will have kept, will have hit, will have woken up, will have bitten

7. **a.** The cat was being chased by the children. **b.** She has been being criticised by the media. **c.** The book will not have been read by him. **d.** He would not have been changed by it. **e.** The coffee would have been freshly brewed by her.

8. **a.** had tried, **b.** knew, **c.** will have started, **d.** could choose, **e.** would have gone, **f.** would you have done, **g.** would have finished

Abschlusstest Oberstufe

1. **a.** would have been, **b.** would have been lying, had woken up, **c.** would have wanted, **d.** would have been able to go, **e.** would have had to pull out/would have had to have pulled out, **f.** would still have been sitting

2. *(von links nach rechts und von oben nach unten)* considered, considered; withheld, withheld; arose, arisen, forbad(e), forbidden; acquired, acquired

3. **a.** save, **b.** were, **c.** keep, **d.** were, **e.** help, **f.** were

4. **a.** used, **b.** would, **c.** take, **d.** to, **e.** called, **f.** call

5. *(von oben nach unten und von links nach rechts)* used to have to, will have had to, would have had to; used to be able to, will have been able to, would have been able to; used to want to, will have wanted to, would have wanted to

6. **a.** will have been looking, won't have found, **b.** will have been travelling, **c.** will probably have thought, **d.** will have happened, will have melted, **e.** will have been increasing

7. **a.** can he, **b.** will she, **c.** should I, **d.** won't they, **e.** wouldn't you, **f.** has he

8. went, had been planning (had planned), had already been, decided, was packing, told, spent, found, will make (am going to make), can find (will be able to find), need (may need), were, would decide, agreed (have agreed), will have been

Übungen

Abschlusstests

Lösungen

Alphabetische Verbliste E-D/D-E

Alphabetische Verbliste Englisch - Deutsch

In der nachstehenden Liste findest Du die wichtigsten englischen Verben mit ihrer jeweiligen deutschen Übersetzung in alphabetischer Reihenfolge aufgeführt. Die Zahlen verweisen auf das jeweilige Muster, nach dem das betreffende Verb konjugiert wird.

A

allow *(erlauben)* 1
answer *(antworten)* 2
arrive *(ankommen)* 3
ask *(fragen)* 4

B

be *(sein)* 5
be able to *(können)* 13
become *(werden)* 6
begin *(beginnen)* 7
bend *((ver)biegen)* 47
bet *(wetten)* 22
bid *(bieten)* 22
bind *(binden)* 32
bleed *(bluten)* 55
blow *(blasen)* 33
book *(buchen)* 8
break *((zer)brechen)* ... 9
breed *(brüten)* 55
bring *((mit)bringen)* ... 10
build *(bauen)* 47
burn *(verbrennen)* 45
burst *(platzen)* 22
buy *(kaufen)* 11

C

call *((an)rufen)* 12
can *(können)* 13
cancel *(absagen)* 14
carry *(tragen)* 15
cast *(werfen)* 22
catch *(fangen)* 16
change *(ändern)* 17
choose *((aus)wählen)* 18
close *(schließen)* 19
come *(kommen)* 20
cook *(kochen)* 21
cost *(kosten)* 22
creep *(schleichen)* 31
cut *(schneiden)* 23

D

deal *(austeilen)* 45
decide *(entscheiden)* .. 24
do *(tun)* 25
dream *(träumen)* 45
drink *(trinken)* 26
drive *(fahren)* 27

E

eat *(essen)* 28
enjoy *(genießen)* 29

F

fall *(fallen)* 30
feed *(füttern)* 55
feel *(fühlen)* 31
fight *(kämpfen)* 10
find *(finden)* 32
fly *(fliegen)* 33
forget *(vergessen)* 34
forsake *(verlassen)* 76
freeze *((ge)frieren)* ... 9

G

get *(bekommen)* 35
give *(geben)* 36
go *(gehen)* 37
grind *((zer)mahlen)* ... 32
grow *(wachsen)* 33

H

have *(haben)* 38
have to *(müssen)* 56
hear *(hören)* 39
help *(helfen)* 40
hit *(schlagen)* 41
hurt *(wehtun)* 42

I

invite *(einladen)* 43

K

keep *(behalten)* 31
kneel *(knien)* 31
know *(wissen)* 44

L

lay *(legen)* 59
learn *(lernen)* 45
leave *(verlassen)* 46
lend *((aus)leihen)* 47
let *(lassen)* 22
lie *(liegen)* 48
like *(mögen)* 49
listen *(zuhören)* 50
live *(leben)* 51

Alphabetische Verbliste Deutsch - Englisch

Hier findest Du die deutschen Übersetzungen der in diesem Buch erwähnten englischen Verben in alphabetischer Reihenfolge aufgelistet. Die Zahlen verweisen auf die jeweiligen Muster, nach denen die englischen Verben konjugiert werden.